Originalausgabe
© 2014 Archiv der Jugendkulturen Verlag KG, Berlin
prverlag@jugendkulturen.de
Alle Rechte vorbehalten
1. Auflage Juni 2014

Vertrieb für den Buchhandel: Bugrim (www.bugrim.de)
Auslieferung Schweiz: Kaktus (www.kaktus.net)

E-Books, Privatkunden und Mailorder: shop.jugendkulturen.de
Umschlaggestaltung und Layout: Conny Agel
Druck: werbeproduktion bucher
ISBN: 978-3-943774-85-6

Dieses Buch gibt es auch als E-Book.
Unsere Bücher kann man auch abonnieren: shop.jugendkulturen.de

**Beate Großegger**

# KINDER DER KRISE

## Die Autorin

Dr. Beate Großegger ist stellvertretende Vorsitzende und wissenschaftliche Leiterin des Instituts für Jugendkulturforschung in Wien. Darüber hinaus ist sie als externe Lehrbeauftragte in der akademischen Lehre tätig – unter anderem am Institut für Publizistik- und Kommunikationswissenschaft der Universität Wien, am Institut für Praktische Theologie der Universität Innsbruck, am Institut für Erziehungswissenschaft und Bildungsforschung/ Abteilung für Sozial- und Integrationspädagogik der Alpen-Adria Universität Klagenfurt sowie am Department für Politische Kommunikation der Donau Universität Krems. Sie arbeitet seit 1996 in der Jugendforschung und gilt über die Grenzen Österreichs hinaus als Expertin für junge Lebenswelten.

Arbeitsschwerpunkte von Beate Großegger sind: Jugendkulturen und Lifestyles, Jugend und Politik, Jugend und Arbeitswelt, Jugend und soziale Ausgrenzung, Medien und Zielgruppenkommunikation sowie Methoden qualitativer Sozialforschung

Kontakt: bgrossegger@jugendkultur.at
Institut für Jugendkulturforschung
Alserbachstr. 18/7. OG, 1090 Wien
Weitere Infos unter: www.jugendkultur.at

# INHALT

# VORWORT

Jugendliche sind immer eine Schlagzeile wert: als coole Life-style-Kids, als hippe Technologie-Trendsetter oder als pragmatische Karrieristen. Und auch die anderen Bilder, die die öffentliche Jugenddebatte bestimmen, kennen wir alle nur zu gut: Komasäufer, die der Notarztwagen Samstagabend aus der Disco abholt, Sport verweigernde Fettsäcke, die ihr Faible für Computerspiele nicht im Griff haben und den lieben langen Tag nichts anderes tun als zu „daddeln", Sprayer, die Privateigentum mit Graffiti verschandeln, „Style Victims", die den angesagtesten Markenklamotten hinterherrennen, und, nicht zu vergessen, die üblen „Fascho-Jungs", die alles Fremde hassen und rechte Ideologen umschwirren wie die Motten das Licht. Wenn es um die Jugend geht, ist es offenbar sexy, auf dem Klavier der Skandalisierungen zu spielen. Der Wirklichkeit ins Auge zu sehen, ist im Gegensatz dazu geradezu beklemmend. Dann nämlich steht man plötzlich Auge in Auge mit den „Kindern der Krise".

Jugendliche leben an einer Bruchkante von Altem und Neuem. Das war schon immer so. Und doch ist die Sache heute in gewisser Weise sehr speziell. Im frühen 21. Jahrhundert scheint die Gesellschaft an einem Wendepunkt angekommen: Wachstumsdenken und Fortschrittsideologien, die uns im 20. Jahrhundert zu Wohlstand verhalfen, funktionieren nicht mehr. Deregulierte Finanzmärkte haben die Wirtschaft und die Politik in Turbulenzen gebracht. Der Wohlfahrtsstaat ist im Umbruch. Gewohnte Sicherheiten beginnen zu bröckeln. Detroit ist im Konkurs. Griechenland steht vor der Pleite. Spanien beklagt die „generación cero" (Generation Null): eine Jugend, die trotz Motivation und guter Ausbildung kaum Aussichten auf einen guten und sicheren Vollzeitjob hat. Im krisengeschüttelten Süden Europas explodiert die Jugendarbeitslosigkeit. Und im vergleichsweise stabilen Mitteleuropa schränkt „Otto Normalverbraucher" seine Konsumausgaben ein. Nicht einmal Schlussverkäufe kommen mehr richtig in Schwung, meldet der Fernsehsender ORF (*ZIB* vom 21.7.2013). Die Krise schlägt auch hierzulande auf den Konsum des Durchschnittsbürgers durch. Kurz gesagt: Die Bruchkante, an der die heutige Jugend steht, ist ungewohnt scharf. Und die Gefahr, dass sie sich daran verletzt, wächst.

Als „Kinder der Krise" sind junge Menschen wahrlich in keiner einfachen Situation: Alles ist möglich, nichts ist fix. Sicherheiten gibt es wenige, dafür hohes Risiko. Der gesellschaftlichen Zukunft blickt die Jugend daher großteils pessimistisch entgegen. Wie es weitergehen soll, weiß sie nicht. Wirtschafts-, Banken-, Finanzmarkt-, Euro- und Schuldenkrisen drohen uns den Boden, auf dem sich sichere Existenzen gründen lassen, unter den Füßen wegzuziehen. Viele fragen sich: Wie kann es dazu kommen? Was kann man dagegen tun? Aber auch: Was bedeutet das für mich und meine Zukunft? In Österreich stellt die Bevölkerung staunenden Auges fest, dass Bundesländer und Gemeinden jahrelang riskante Spekulationsgeschäfte tätigten und dabei, angeblich ohne dass das irgendjemand bemerkte, riesige Summen an Steuergeldern verzockten, wofür nun der Steuerzahler und die Steuerzahlerin aufkommen müssen. In Deutschland nehmen Betriebe spanische Jugendliche, die in ihrer Heimat kaum Jobchancen haben, als Azubis auf (Hecking 2013: 24). Und in Griechenland tragen sich immer mehr junge Menschen mit dem Gedanken auszuwandern, weil Perspektiven fehlen. „Besuchen Sie Europa, solange es noch steht", so hieß es in den 1980ern im vielleicht populärsten deutschsprachigen Katastrophenlied der Band *Geier Sturzflug* (Schneider 2007: 221). Heute ist der Song vergessen. Doch die Botschaft trifft – unter veränderten Vorzeichen – plötzlich wieder voll den Nerv der Zeit. Was morgen kommen wird, ist unvorhersehbar. Nur eines ist klar: Das Alte ist obsolet geworden, und das Neue eher beängstigend.

Viele reden heute über die Krise. In Alltagsgesprächen wird das Wort „Krise" dabei meist mit einer schwierigen Situation gleichgesetzt. In direkter Ableitung vom griechischen Wort „krísis" steht Krise hingegen für eine „entscheidende Wendung". Das beschreibt die aktuelle Situation vermutlich um einiges besser. Ein wenig scheint es so, als würde sich die Gesellschaft an einer Weggabelung befinden. Politische Konzepte, die sich in der Lösung der Probleme des 20. Jahrhunderts bewährt haben, taugen nicht mehr. Wer schlecht qualifiziert ist, hat in der neuen Arbeitswelt keine Chance. Und auch wer imponierende Abschlüsse vorweisen kann, hat auf einen attraktiven Fixplatz keine Garantie. Das ist die Welt, in der die heutige Jugend aufwächst. Strukturwandel und Krise haben sich in ihre Grundstimmung tief eingeschrieben. Zwar merkt man das dieser Generation auf den ersten Blick gar nicht an, denn sie spielt nicht den „Blues". Und doch schlägt beides auf ihre Mentalität durch und prägt ihr Denken, Fühlen und Handeln. Als „Kinder der Krise" lernen Jugendliche heute beispielsweise früh, dass es besser ist, nicht langfristig zu planen, da es meist ohnehin anders kommt, als man es sich erhofft. Und sie lernen auch, dass man in Zeiten wie diesen leichter lebt, wenn man strikte Prinzipien über Bord wirft und sich nicht festlegt, sondern Optionen offen hält. „Einfach einmal schauen, was geht", das ist das Motto dieser Generation. Grundsätzlich für alles Mögliche offen sein, ist ihre Überlebensstrategie. Ein wenig träumen, wie es sein könnte, wenn es anders wäre, als es ist, ist dabei erlaubt. Aber sonst gilt: Nur nicht zu viel nachdenken, das macht lediglich trübselig.

Generell entwickeln Jugendliche ihre Lebensperspektiven nahe am persönlichen Alltag. Fragt man sie, was ihnen besonders wichtig ist, kommen immer die gleichen Antworten: Familie, Freunde, genügend Freizeit, eine solide Ausbildung, später einmal ein guter Job, der als sichere Existenzgrundlage und Garant für einen akzeptablen Lebensstandard dient. Die Wünsche der Jugend sind im Grunde einfach, doch lassen sie sich nicht immer so ohne weiteres realisieren. Das will zwar niemand wirklich wahrhaben. Eine vage Ahnung haben die Jugendlichen aber doch. Und so ziehen sie die Konsequenzen, und zwar auf ihre eigene Art und Weise. Während auf der großen gesellschaftlichen Bühne der Ernst des Lebens spielt, igeln sie sich in der kleinen Welt des Privaten ein. Dort suchen und finden sie Geborgenheit, aber auch Spaß und Vergessen. Ein harmonisches Familienleben, gute Freunde und eine von gegenseitigem Vertrauen geprägte Liebesbeziehung sind für sie wie ein „Airbag", der vieles abfedert. Das ist ein wertvolles Gut, wenn die Zeiten härter werden und das Drohgespenst einer unkalkulierbaren Zukunft scheinbar ungebremst auf die Menschen einprallt. Und je trister der Alltag, desto wichtiger wird es, dass man in der Freizeit richtig Gas geben und Ablenkung finden kann. Auf Teilzeit in die bunten Freizeitwelten und populären Jugendkulturen abzutauchen, kuriert zwar nicht die Krankheit, aber lindert immerhin die Symptome.

In der Altersgruppe der Sechzehn- bis Neunzehnjährigen fühlen sich, wie deutsche und österreichische Jugendstudien in Übereinstimmung zeigen, drei Viertel der Jugendlichen jugendkulturellen Szenen zugehörig. Mit speziellen Themen aus den Bereichen der populären Musik, des Fun- und Freestyle-Sports und der „Neuen Medien", seien es Computer- und Konsolenspiele oder Web 2.0, grenzen sie sich von der Welt der Erwachsenen ab. Vor allem diejenigen, die für sich kaum Chancen sehen, als „Helden der Arbeit" zu Ehren zu kommen, konzentrieren ihre Energien darauf, „Helden des Konsums" zu sein. In die Fußstapfen der älteren Generation zu treten, findet generell kaum einer verlockend. Und schnell erwachsen werden wollen auch nur wenige. Jugendliche gehen lieber ihre eigenen Wege und suchen nach dem „eigenen Ding". Dass es dabei gelegentlich auch ein wenig widersprüchlich zugeht, fällt nicht einmal auf. In der oberen Mittelschicht träumen die Jungen beispielsweise davon, eine eigene kleine Familie zu haben, und doch werden, wenn der statistische Trend anhält, *sie* es sein, die seltener als andere und wenn überhaupt, dann erst in eher fortgeschrittenem Alter Familien gründen. Oder um zwei weitere Beispiel zu nennen: Die breite Mehrheit wünscht sich einen Beruf, der Spaß macht, hat allerdings oft schon Probleme, zumindest einen halbwegs adäquaten Job zu finden. Und: Die heutige

Jugend ist toleranter gegenüber Schwulen als die Jugend früher, doch psychisch Kranken begegnen viele distanziert. Sie meiden den Kontakt, so als wären Menschen mit psychischen Problemen ansteckend, und ignorieren dabei, dass Depressionen und Burnout als neue Volkskrankheiten die Herz-Kreislauferkrankungen mittlerweile überholen. „Früher war nicht alles besser, aber es war alles anders", sagt DJ Steve Bug (*FAZEmag* 8/2012: 19). Damit hat er zweifelsohne recht.

Die Lebensphase „Jugend" markiert heute eine ausgedehnte Zeit des Übergangs. Sie beginnt irgendwann mit elf, zwölf oder dreizehn Jahren, wenn Kids für sich selbst beschließen, ab sofort kein Kind mehr, sondern Jugendlicher zu sein, und sie endet Mitte oder Ende zwanzig. „Jugend", das sind zwei Jahrzehnte, in denen viel passiert und wichtige Weichen für das weitere Leben gestellt werden. In mancherlei Hinsicht haben Jugendliche heute mehr Freiheiten als ihre Vorgängergenerationen. Bereits ab dem Teenageralter entwickeln sie ein eigenes Privatleben. Sie wählen sich ihre Freunde und sexuellen Beziehungen selbst aus. Und auch in weltanschaulichen Fragen richten sie sich nicht nach Vaters Willen, sondern geben sich eigenständig. Hier hat die Gesellschaft gelernt, den jugendlichen Anspruch auf ein selbstbestimmtes Leben zu akzeptieren. Doch auch wenn die jungen Leute in lebensstilistischer Hinsicht früh flügge werden, zögert sich ihre finanzielle Unabhängigkeit oft deutlich hinaus. Aufgrund verlängerter Bildungsbiographien, aber auch aufgrund einer schwächelnden Wirtschaft und eines engen Jugendarbeitsmarktes bleiben viele bis Mitte oder gar Ende zwanzig von der finanziellen Unterstützung ihrer Eltern abhängig. Und etliche, vor allem junge Männer, leben ihr Leben als nesthockende „Hotel Mama"-Bewohner. Bei genauerer Betrachtung eine ziemlich paradoxe Situation.

Doch das ist nicht der einzige Widerspruch, der die Lebensphase „Jugend" heute begleitet. Die „Kinder der Krise" sind vielerorts mit einem Mix aus Chance und Risiko konfrontiert. Ein wenig scheint es so, als würde die Gesellschaft von ihnen erwarten, dass sie damit selbst irgendwie zurechtkommen, und zwar ohne den Alten allzu sehr auf die Nerven zu gehen. Und in gewisser Weise entspricht die Jugend diesen Erwartungen wohl auch. Um den viel beschworenen Generationenkonflikt ist es jedenfalls ruhig geworden, was die Beziehung zwischen Jung und Alt nicht automatisch verbessert. Im Alltagsleben stehen sie sich nämlich oft scheinbar gleichgültig gegenüber. Und obwohl sich immer mehr Eltern mit Erziehungsratgebern eindecken und die Politik die Marktforschung beauftragt, um den Draht zur Jugend nicht völlig zu verlieren, denkt sich die breite Mehrheit der Jugendlichen: „Die Alten verstehen noch immer nix." Dass Jugendliche ihren Lebensmittelpunkt in die Gesellschaft der Altersgleichen verlagern, ist angesichts dessen nur plausibel. Und dass sie sich von der Politik abwenden, nicht minder.

Auch wenn die öffentliche Debatte das Bild gerne ein wenig schönt, Ergebnisse der Jugendforschung lassen wenig offen: Die etablierte Politik ist bei der Jugend unten durch. Jugendliche fühlen sich nicht vertreten, sie misstrauen der „politischen Klasse" und sie haben den Eindruck, Politiker und Politikerinnen würden dem politischen Gegner mehr Aufmerksamkeit schenken als den Sorgen und Anliegen der Bürger und Bürgerinnen. Abgesehen davon schätzen sie die Lösungen, die die Politik für die großen Fragen der Zeit anbietet, als eher dürftig ein. In den Bildungsschichten formiert sich der Unmut gelegentlich zu öffentlichen Protesten. Die benachteiligten Milieus reagieren hingegen anders: Sie machen von ihrem demokratischen Recht, unpolitisch zu sein, Gebrauch und klinken sich einfach aus.

Was die einen und die anderen verbindet, ist das Gefühl, „dass Politik den Menschen nicht viel hilft." Die „Kinder der Krise" haben die Chefideologen und selbsternannten Führertypen, die die etablierte Politik bevölkern, satt. Sie wollen einfach nur, dass die Dinge funktionieren.

Einige hoffen wohl insgeheim, den „alten Stinkern" aus der Politik irgendwann einmal die lange Nase zeigen zu können. Dennoch ist Politik in der Jugendkultur nicht viel mehr als ein Nischenthema. „Mach kaputt, was dich kaputt macht", das war gestern. Mitspielen, so gut es eben geht, und dabei den eigenen Vorteil niemals vergessen, das ist heute. Passend zum allgemeinen Zeitgeist übt sich die Jugend in Realismus und erklärt die Revolte für überholt. Da Mitspielen oft allerdings ziemlich anstrengend ist, nimmt sie sich zwischendurch gerne eine kleine Auszeit. Jugendkulturen werden heute mehr und mehr zum Kompensationsraum. Jugendkultureliten „ticken" völlig anders als früher. Der alte Gegensatz von „Aussteigern" und „Aufsteigern" hat ausgedient. Der Grund ist simpel: Aussteigen ist den Jugendlichen zu mühsam und Aufsteigen ist in Zeiten wie diesen ohnehin nicht zu erreichen. Sich an Gegenentwürfen abzuarbeiten, scheint den meisten sinnlos. Der eine oder andere hört vielleicht The Offspring, eine US-amerikanische College-Punk-Band, und, wenn „The kids aren't alright" kommt, dröhnt im Refrain die Botschaft: „Chances thrown, nothing free, longing for what used to be. Still it's hard, hard to see, fragile lies, shattered dreams." Und doch ändert das wenig am Gesamtbild.

Die jugendkulturorientierte Jugend taucht in bunte Lifestyle-Welten ab. Schicke junge Party-Menschen verbringen ihre Wochenenden bei Dancefloor-Events, die unter dem Motto „Return of the real" laufen – wohlgemerkt: Es heißt nicht „Return to the real", sondern das Partyversprechen geht genau in die entgegengesetzte Richtung. Es lautet: Wir „beamen" euch raus aus der Wirklichkeit. Die alternative Szene lädt indessen unter dem Titel „Dance against reality" zu einem bekifften „Get together". Und selbst junge Globalisierungskritiker packen ihre teils spröde Programmatik vorsichtshalber lieber in smarte Slogans wie „Her mit dem schönen Leben"; Altersgleichen sprechen sie damit jedenfalls aus der Seele, ohne ihnen – wie es die etablierte Politik so gern tut – ins Gewissen zu reden.

Dass der jugendkulturorientierte Mainstream keine großen Probleme macht und, statt Randale zu veranstalten, lieber die Ablenkung sucht, kann gerade in schwierigen Zeiten im Grunde nur recht sein. Solange echte Alternativen fehlen, scheint nämlich – auch um Zeit zu gewinnen – vorerst einmal Systemstabilisierung Programm. Und dabei gilt zumindest ein wenig, was Aldous Huxleys „Brut- und Normdirektor von Berlin" in *Schöne neue Welt* als Leitspruch formuliert: „Gesamtüberblicke sind für den Geist nur von Übel. Nicht Philosophen, sondern Hobbybastler und Briefmarkensammler bilden das Rückgrat der Menschheit" (Huxley 1981: 20). Selbst dort, wo Jugendkulturen heute noch im Zeichen eines politischen Statements stehen, etwa bei den Ökos oder Indies, geht es vor allem darum, den unmittelbaren Lebensraum ein wenig umzugestalten. Interventionen, die über den Rand der eigenen kleinen Welt hinaus eine Strukturveränderung bewirken könnten, scheinen außer Reichweite. Das sagt einiges aus: einerseits über die Jugend, andererseits aber auch über die Gesellschaft, in der diese Jugend aufwächst.

Jugendkulturen sind Zeitdokumente. Sie pointieren vieles, was sich in etwas schlichterer, weniger bunter, weniger schriller Form auch im Alltag von „Otto Normalverbraucher" findet.

Teils zeigen sie, wie junge Menschen gesellschaftliche Leitwerte jugendkulturell interpretieren und wie sie sie verinnerlichen – am Fitnesstrend, der den perfekt designten Menschen verspricht, lässt sich das etwa gut beobachten. Teils machen Jugendkulturen aber auch deutlich, wie Jugendliche nach Abgrenzung vom Erbe der älteren Generation suchen, und konfrontieren die Gesellschaft mit der Tatsache, dass zumindest einige unter ihnen den gängigen Werten und Normen Paroli bieten; das tun beispielsweise die Gothics und Emos, indem sie mit ihrem offensiven Bekenntnis zur Farbe Schwarz ein Zeichen gegen die bunte, smarte und alles in allem eher oberflächliche Erfolgsgesellschaft setzen, und das tun mit anderer Akzentsetzung natürlich auch die jungen Wutbürger und Wutbürgerinnen, die mit politischen Protestbewegungen darauf aufmerksam machen, dass es der Jugend heute langsam reicht. Wenn etwas Neues in die Welt kommt, reagieren Jugendliche meist schneller, intensiver und vor allem auch schriller als die „trägen Alten" – egal ob das nun Konsumtrends oder auch gesellschaftspolitische Entwicklungen betrifft. Und in den Jugendkulturen spiegelt sich das dann wider, oft lange bevor „Max Mustermann" etwas davon bemerkt.

„Das Wesen von tiefgreifenden Veränderungen liegt oft in der Zögerlichkeit oder in einer vollkommenen Unmerklichkeit, mit der wir sie wahrnehmen. Sie schlagen zwar ihre Schneisen mit aller Macht in das Altbewährte, aber wir verfügen über ein geistiges Abwehrsystem, das gegen den Keim des Neuen und das Prinzip der Veränderung vehement ankämpft", meint der Soziologe Ekkehart Baumgartner (2011: 7). Was das Verhältnis der Erwachsenenwelt zu Jugendkulturen betrifft, ist dies offensichtlich. Signale, die aus der Jugendkultur kommen, werden häufig falsch verstanden oder einfach ignoriert. Trends, die nicht mehr aufzuhalten scheinen, bleiben erstaunlich lange unterhalb der öffentlichen Wahrnehmungsschwelle. Wie es zu diesen Trends kommt, das fragt sowieso niemand. Stattdessen übt sich die öffentliche Jugenddebatte nach wie vor vorzugsweise in moralischer Panik. Sei's drum, den „Kindern der Krise" ist das egal. Sie zucken mit den Achseln und sagen: „Wir sind das ohnehin gewohnt: Erwachsene haben einen Tunnelblick."

Alles in allem ist die heutige Jugend widersprüchlich, dynamisch und oft vielleicht auch ein wenig oberflächlich – eben ganz so wie die Gesellschaft, die sie umgibt. Ohne großen Plan jongliert sie durchs Leben, macht mit, so gut es eben geht – auch dann, wenn sie wenig Sinn darin sieht. Und zwischendurch feiert sie Party, um den Zumutungen des Alltags zu entfliehen. Dennoch stellt sie auch unangenehme Fragen, beispielsweise „Warum soll ich mich für Politik interessieren, wenn in den Entscheidungen, die getroffen werden, die Anliegen der Senioren ohnehin mehr zählen als die der Jugendlichen?", „Wie soll ich eine Familie gründen, wenn es mir nicht einmal gelingt, einen guten Job zu finden?" oder „Werde ich, wenn ich in Rente bin, eine Pension bekommen, von der ich auch leben kann?" Kurzum: Die Jugend des frühen 21. Jahrhunderts ist schwer zu greifen. Immer, wenn man ein klar konturiertes Bild zu entdecken glaubt, droht es gleich wieder zu zerfließen. Das heißt: Ja, Jugendliche sind coole Lifestyle-Kids, wie so oft behauptet. Sie sind aber zugleich auch politisch Desillusionierte, prekäre Berufseinstiegspraktikanten und, so wie es derzeit aussieht, vor allem die großen Verlierer der Krise. Und da sie selbst nicht viel daran ändern können, rudern sie nicht gegen den Strom, sondern lassen sich einfach treiben.

Wien im Winter 2013/2014

# GESELLSCHAFT IM UMBRUCH

*DIE ZEITEN ÄNDERN SICH, DIE JUGEND AUCH ...*

Im Sommer 2012 ließ der multinationale Konzern Unilever mit einem simplen Satz aufhorchen: „Die Armut kehrt nach Europa zurück." So begründete der Europasprecher des Konzerns, Jan Zijderveld, das neue Marketingkonzept „Kleine Mengen für kleine Einkommen" (*Kleine Zeitung* vom 28.8.2012: 2). Er hatte dabei wohl vor allem die wirtschaftlichen Problemzonen der EU im Süden Europas im Auge: Griechenland, Portugal, Spanien und Italien. 2013 stand dann aber plötzlich auch bei Hofer, der österreichischen Variante des deutschen Discounters Aldi, ein „Milfina Mini" im Regal – neben dem Preis, in Großbuchstaben gut sichtbar auf ein rotes Schild gedruckt, der Vermerk „NEU". „Milfina Mini", das sind acht Dekagramm Heumilchkäse. Gemessen an dem, was der Discounter sonst anbietet, ist das eine Packung in Zwergengröße, mit 9,5 cm mal 5,5 cm hat sie nicht einmal das klassische Fotoformat. Mag sein, dass dieser neue Mini für den „kleinen Hunger" gedacht war. Oder hatte das Konzept der Kleinmengen-Packung nun auch den österreichischen Kunden mit schmaler Geldbörse erreicht?

Eine gute Frage. Tatsache ist jedenfalls, dass die Zeiten härter werden – auch abseits von Südeuropa. Das Wirtschaftswunder ist lange vorbei. Eine mit leichten Aufwärtstrends durchsetzte wirtschaftliche Stabilität, die über lange Jahre steigende Lebensstandards ermöglichte, ist Schnee von gestern. Wer die tagesaktuelle Berichterstattung verfolgt, bekommt fast Panik. Im Zuge der Wirtschafts-, Finanzmarkt- und Eurokrise, die im frühen 21. Jahrhundert die Politik wie auch die Bevölkerung in Atem halten, tauchen ständig neue Probleme auf. Tragfähige Lösungen sind nicht in Sicht. Während Experten und Expertinnen noch darüber nachdenken, wie der Sozialstaat der Zukunft aussehen könnte, sagen die Politiker und Politikerinnen immer wieder ein und denselben Satz: Die öffentlichen Haushalte müssen sparen. In der Wirtschaft gehen die Investitionen zurück. Die Betriebe sind bei Neuanstellungen zurückhaltend. Die Zahl der Arbeitslosen steigt. Und betroffen sind neben älteren Arbeitnehmern und Arbeitnehmerinnen vor allem junge Menschen. Über der Zukunft der Jugend steht demnach in fetten Lettern das Wort „Risiko" und die „Kinder der Krise" sehen sich mit der Herausforderung konfrontiert, in einer Welt Fuß fassen zu müssen, in der gilt: „Vieles ist möglich, aber nichts ist fix."

## Die „Kinder der Krise" leben in Revisionsbereitschaft

Jede Gesellschaft hat *die* Jugend, die sie verdient, so heißt es. Wäre dieser Satz nicht so abgenutzt, müsste man sagen: Er ist genial. Politische, soziale, ökonomische und technologische Entwicklungen, die unserer Zeit ihren Stempel aufdrücken, hinterlassen im Alltag der Jugendlichen unübersehbare Spuren. Gesellschaftliche Leitwerte, aber auch diffuse Stimmungen, die im Meinungsklima der breiten Bevölkerung mitschwingen, wirken als Hintergrundrauschen auf sie ein. Die Welt, in der die

Jugendlichen heranwachsen, liefert ihnen Referenzpunkte für unterschiedliche Lesarten menschlicher Existenz und hat auch auf die Mentalitäten, mit denen sie auf die Herausforderungen ihres Alltags zugehen, prägenden Einfluss. Kurz gesagt: Die Jugend wird (auch) durch die Umstände zu dem, was sie ist.

Fragt man Jugendliche heute nach den für sie persönlich wichtigsten Lebensbereichen, nennen die meisten zuallererst Freunde, Familie und Freizeit. Politik und Religion, die ja angeblich weltanschauliche Säulen unserer Gesellschaft sind, haben für sie kaum Bedeutung. Vom Glauben an die großen, alles erklärenden Wahrheiten haben sie sich verabschiedet. Ihre Lebensorientierung erinnert eher an die Denke der philosophischen Strömung des Pragmatismus: „Truth is what works" (Richter 2002: 60) – wahr ist, was im realen Leben auch tatsächlich funktioniert. Nur eine kleine Engagementelite folgt dem Anspruch, die soziale Ordnung aktiv mit zu gestalten oder gar zu verändern. Die breite Mehrheit versucht hingegen, die Chancen, die sich ihr bieten, bestmöglich zu nutzen, und die weniger rosigen Seiten ihres Lebens einfach irgendwie durchzustehen. Diese Generation tut, was sie tun muss: Sie hält sich die Optionen offen, versucht flexibel zu sein und in einer Welt, in der sich ständig alles verändert, so gut es eben geht, am Ball zu bleiben. Dabei ist sie immer irgendwie auf dem Sprung. Die meisten haben daher bestenfalls ein unscharfes Bild davon, wie sie selbst später einmal leben werden. Sie stehen mit beiden Beinen in der Gegenwart. Von langfristiger Zukunftsplanung halten sie wenig, sondern konzentrieren sich lieber darauf, im Hier und Jetzt „ihr eigenes Ding durchzuziehen". Auf Nachfrage, warum dem so ist, antworten sie mit erstaunlichem Realismus: „Planen ist nicht mehr. Man weiß nie, was in fünf Jahren sein wird. Man kann sich Ziele setzen, aber es kann sich alles ändern – und dann?"

Zur Zukunft haben die „Kinder der Krise" generell ein zwiespältiges Verhältnis. Fragt man sie, wie sie in ihre persönliche Zukunft blicken, gibt sich die breite Mehrheit zuversichtlich. Spricht man mit ihnen hingegen über die Zukunft der Gesellschaft, kippt die Stimmungslage plötzlich. Unsicherheit und Pessimismus gewinnen die Oberhand. Diejenigen, die der gesellschaftlichen Zukunft zuversichtlich entgegengehen, sind plötzlich deutlich in der Minderzahl. Warum das so ist, ist naheliegend: Die kleine Welt des Privaten wird als gestaltbar erlebt. Auf die große Bühne, auf der die gesellschaftliche Zukunft spielt, haben junge Menschen hingegen kaum Einfluss. Dass in der Welt heute Vieles nicht zum Besten steht, darin sind sie sich einig. Und doch schwimmen sie nicht gegen den Strom. Rebellisches Aufbegehren ist dieser Generation ebenso fremd wie Resignation. Sie zieht einen anderen Schluss und sagt sich: „Einfach mal sehen, was geht." Mit verblüffend nüchterner Attitüde jonglieren diese Jugendlichen durch eine zunehmend unkalkulierbare soziale Wirklichkeit. Und dabei verlieren sie eines niemals aus den Augen, nämlich dass für die Dinge, die Spaß machen, trotz allem noch etwas Platz bleibt. „Wer jung ist, der sollte das Leben genießen", so lautet ihre Devise. Sobald man richtig erwachsen und durch berufliche oder familiäre Pflichten gebunden ist, ist es mit den coolen Facetten des Lebens ohnehin vorbei. Den Erwachsenenalltag empfinden sie großteils als spaß- und lebensgenussfreie Zone. Möglichst schnell dort anzukommen, wo ihre Eltern heute stehen, ist für die wenigsten eine attraktive Option (Institut für Jugendkulturforschung 2011a: 5).

Die Art und Weise, wie sich Jugendliche durchs Leben bewegen, in der Ausbildung, im Job, aber auch in der Freizeit und privat, erinnert ein wenig an fernsehen: Sie „zappen" durch

Angebotslandschaften, bleiben irgendwo hängen, um nach einiger Zeit weiterzuziehen, sie wechseln von Programm zu Programm, so wie es sich ergibt und ohne allzu viel darüber nachzudenken. Die wenigsten legen sich gerne fest. Fragt man sie nach ihrem Lebensmotto, sagen sie: „Lebe dein Leben, nütze die Chancen, die sich dir bieten und versuche dabei auch Spaß zu haben – so gut es eben geht. Bei allem anderen denke dir: Augen zu und durch." Das klingt ein wenig so, als wäre diese Generation perspektivlos. Doch das ist sie nicht: nein, gar nicht. Sie sieht einfach nur keinen Sinn darin, sich auf lange Sicht hin festzulegen. Sie ist eine „Generation Maybe" und lebt daher ein „Leben in Revisionsbereitschaft" (Brose zitiert in Fuchs-Heinritz 2000: 36). Was sich in der Jugendforschung bereits um die Jahrtausendwende als Trend andeutete, ist heute zum Mainstream geworden. Mittlerweile gilt es als völlig normal, sich immer wieder neu zu justieren und ab und an auch völlig neu auszurichten. Und das Spektrum dessen, was dabei als zulässig gilt und zum Ausprobieren einlädt, ist breit.

Während der letzten Jahrzehnte haben sich die gesellschaftlich akzeptierten Lebensmuster enorm vervielfältigt und in so manchem Bereich wurden alte Konventionen außer Kraft gesetzt. Beispielsweise pfeifen die meisten jungen Pärchen heute auf einen Trauschein, wenn sie zusammenziehen, ohne dass das irgendjemanden stört. Bekennende Schlagerfans tragen wilde Tattoos. Ja, Politiker dürfen heute sogar schwul sein und auch dazu stehen. Die Grenzen des Denkbaren und Möglichen haben sich also gewaltig erweitert. Das ist eine Konsequenz weitreichender gesellschaftlicher Individualisierungsprozesse, von der die Jugend zweifellos in vielerlei Hinsicht profitiert. Doch jedes Ding hat bekanntermaßen zwei Seiten. Was persönliche Lebensentwürfe betrifft, haben Jugendliche heute zwar mehr Freiheiten als früher, im Falle der Entscheidungsunsicherheit finden sie in einer „Welt der vielen Optionen" aber deutlich weniger feste Orientierungspunkte. Und angesichts der wachsenden gesellschaftlichen Unsicherheit können die meisten von einem selbstvergessenen Spiel mit der Multioptionalität ohnehin nur träumen. Dennoch fragt niemand: Was haben diese „Kinder der Krise" eigentlich davon, wenn zwar unterschiedlichste Bildungsgänge und viele neue Berufe zur Wahl stehen, zugleich aber immer weniger von ihnen auf eine gut bezahlte und sichere Arbeit hoffen dürfen? Oder: Was nützt es ihnen, wenn H&M und Co. trendige Klamotten zu taschengeldfreundlichen Preisen anbieten und sie im Drogeriemarkt eine bunte Palette an Wohlfühl- und Aktivierungsduschen zur Auswahl haben, um sich zuhause unter der Brause die Stimmung für heute Abend beliebig zu „tunen", wo doch niemand so recht weiß, wie es morgen weitergehen soll?

Die Gegenwartsgesellschaft konfrontiert die Jugend mit einer zynischen Botschaft: „Du bist nicht nur frei zu wählen, du bist auch gezwungen, *selbst* deine Wahl zu treffen. Wenn es um wichtige Lebensfragen geht, überlege dir gut, was du wählst, denn du wirst die Konsequenzen deiner Entscheidung vermutlich auch weitgehend selbst tragen müssen." Kein Wunder, wenn sich vor allem jene, denen es an Bildungs- und Sozialkapital fehlt, oft überfordert fühlen. So mancher erlebt sich in diesem Szenario wie ein Bühnendarsteller, dem niemand ein Drehbuch zur Hand gibt und von dem die Gesellschaft dennoch erwartet, dass er ein Erfolgsstück aufführen wird (vgl. Keupp u. a. 2002: 53). Die Jugendsoziologie spricht von widersprüchlichen Formen der Vergesellschaftung. In Alltagssprache übersetzt, klingt es griffiger, hier heißt es schlicht: „Du hast die Wahl, aber du zahlst den Preis."

Seien wir ehrlich: Der zweite Halbsatz klingt wie eine gefährliche Drohung. Und da wir im Zeitalter der Globalisierung leben, gilt diese heute für die gesamte Jugend der westlichen Industriestaaten. „Die Welt ist zwar nur ein Dorf, aber idyllisch ist hier überhaupt nichts. Man muss nicht einmal über den eigenen Gartenzaun schauen, um die Scheiße dampfen zu sehen", kommentiert der Musikjournalist Flo Hayer (2013: 64) den gesellschaftlichen Status quo. Zugegeben, die Worte sind ein wenig drastisch, doch sie bringen die Sache auf den Punkt. Über den Sinn des Lebens nachzudenken, ist in diesem Szenario zum Luxus geworden. Und so stellen sich Jugendliche lieber handfeste Fragen, zum Beispiel „Welche Jobchancen habe ich?", „Kann ich mit meinen Qualifikationen später einmal einen akzeptablen Lebensstandard erreichen?" oder „Werde ich, wenn ich alt bin und aus dem Berufsleben ausscheide, von der staatlichen Pension überhaupt leben können?" Und sie hoffen, dass irgendwer irgendwann eine Antwort darauf hat.

## Am Ball bleiben ist alles, Widersprüche zählen nicht

Es macht keinen Sinn, Dinge zu beschönigen. Man muss den Tatsachen ins Auge sehen: Gewissheiten gibt es für die Jugend wenige. Nur eines scheint klar: Sie sollte sich für ihre persönliche Zukunft nicht *mehr* als die Elterngeneration erwarten, sondern stattdessen auf weniger einstellen – und das am besten gleich. Der Einstieg ins Erwerbsarbeitsleben gestaltet sich schon heute für viele junge Menschen zunehmend schwierig. Die Arbeitswelt, in der sie Fuß fassen sollen, ist mit vielen riskanten Dynamiken gepflastert. Und es ist mittlerweile ein offenes Geheimnis, dass man den klassischen Normalarbeitsplatz, der bislang durch Vollzeiterwerbstätigkeit in einem rechtlich gesicherten, zeitlich unbefristeten Arbeitsverhältnis gekennzeichnet war, zukünftig immer seltener finden wird. Die Optionen der am Arbeitsmarkt nachrückenden Generation gehen immer öfter in Richtung Zeitverträge und Lebensunterhalt aus mehreren Mini- und Midi-Teilzeitjobs. Auch auf Phasen der Erwerbslosigkeit, die zum Teil durch arbeitsmarktpolitische Maßnahmen wie die Bildungskarenz überbrückt werden können, müssen sich die jungen Leute wohl einstellen. Diskontinuitäten und Brüche werden in der Arbeitswelt der Zukunft mit hoher Wahrscheinlichkeit zur Norm.

Von Lebensplanung, von der Politiker und Politikerinnen so gerne erzählen, lässt sich angesichts dessen nur träumen. Und betroffen sind nicht nur Minderqualifizierte, sondern vor allem auch junge Menschen mit akademischen Abschlüssen. Onlinearbeit auf Freelance-Basis ist bereits heute ein boomender Sektor. Zielgruppe sind qualifizierte „Digital Natives". Als Grund für diesen Trend wird wachsender Effizienzdruck der Unternehmen wie auch die Dynamik der digitalen Entwicklung, also schnelles Internet, bessere Software und ähnliches genannt. Die Konsequenzen sind jedenfalls absehbar: In der Arbeitswelt etabliert sich mehr und mehr ein Zwei-Klassen-System – mit Festangestellten, die die privilegierte Klasse bilden, und Freien, die sich ihren Lebensunterhalt als „digitale Tagelöhner" verdienen (*Die Zeit* vom 29.8.2013: 26). Doch auch abseits des digitalen Freiberuflertums herrschen für junge Menschen, die in der Berufswelt Fuß fassen wollen, immer öfter verschärfte Bedingungen: Der Flexibilitätsdruck wächst. Auf viel Verständnis für ihre Sorgen und Probleme dürfen sie freilich nicht hoffen. Die öffentliche Debatte tönt nämlich gerade hier äußerst zynisch. Man sagt den Jugendlichen: „Wenn ihr im Leben erfolgreich sein wollt, müsst ihr beweglich bleiben: geistig und auch räumlich, dann werdet ihr es schon irgendwie schaffen. Ihr müsst einfach immer weiter lernen, euch weiterbilden und ihr müsst auch bereit sein, Wohnorte zu wechseln und lieb gewonnene Menschen hinter euch zu lassen, wenn es der Arbeitsmarkt von euch verlangt. Was zählt, ist, dass ihr euch auf neue Situationen schnell einstellen könnt. Denkt dabei nur ja nicht zu lange über das Für und Wider nach, das bindet nur unnötig Zeit."

In der politischen Debatte wird übrigens Bildung als die effektivste Strategie gesehen, um junge Menschen für die neue Arbeitswelt zu rüsten. Und die Wirtschaft betont, dass eine gut ausgebildete Jugend auch einen wichtigen Wettbewerbsvorteil bedeutet. Die Wirtschaft hat dabei ein sehr klares und zugleich enges Verständnis, was Bildung leisten soll: Sie soll der Formung Jugendlicher als Humanressource dienen. Für schräge Identitätsexperimente gibt es wenig Spielraum und auch für das Humboldt'sche Bildungsideal, das Charakterbildung, Selbstbestimmung sowie intellektuelle Selbstentfaltung akzentuiert, ist hier kein Platz. Aus Sicht der Wirtschaft geht es allem voran um die Orientierung am Marktfähigen und, damit verbunden, um die Förderung von ökonomisch verwertbaren Ausbildungsgängen. In dieser Denke bemisst sich der Wert von Bildung nicht an der Persönlichkeitsentwicklung, sondern vielmehr am nüchternen Nutzenkalkül (vgl. Heinzlmaier 2013: 29ff). Diese Denke der Wirtschaft gewinnt gegenwärtig immer größeren Einfluss auf unser Bildungssystem. Da Jugendliche ohnehin keine andere Wahl haben, machen sie brav mit. Und sie setzen natürlich darauf, dass sich die Ausbildungswege, für die sie sich entscheiden, später finanziell dann auch einmal rechnen werden. Bleibt nur zu hoffen, dass dies auch wirklich zutrifft.

Je höher der formale Bildungsabschluss, desto geringer das Risiko, arbeitslos zu werden oder gar in Langzeitarbeitslosigkeit zu schlittern, so heißt es. Wenn man nach den Arbeitslosenstatistiken geht, stimmt das auch. Dennoch scheint es naiv, Bildungsabschlüsse als Wunderwaffe zu begreifen. Und es ist schlichtweg unehrlich, Jugendlichen, die Zeit und Energie in höhere formale Qualifikationen investieren, durch die Bank eine Zukunft in beruflicher Sicherheit oder gar Karriere zu versprechen. Warum ist leicht erklärt: Je mehr junge Menschen höhere Bildungsabschlüsse erreichen, desto weniger sind diese Abschlüsse für den Einzelnen wert. Eine Bildungsoffensive, wie wir sie heute beobachten können, bringt also automatisch immer auch eine Inflation der Bildungstitel mit sich. Diese Erfahrung machen bereits heute etliche Neo-Bachelors, die im Bologna-Prozess ihren ersten akademischen Titel erwarben. Frustriert stellen sie fest, dass sich der Arbeitsmarkt für sie nicht übermäßig interessiert. Wenn sie zu jammern beginnen, rät man ihnen, weitere Titel zu erwerben, also einen „Master" oder besser noch einen „PhD" anzuschließen, oder man sagt ihnen: „Selber schuld, ihr habt einfach das Falsche studiert!" – ein Fach, das von Seiten der Wirtschaft derzeit nicht nachgefragt wird. Aber ist diese Argumentation wirklich immer stimmig?

Nehmen wir Spanien als Beispiel. Neben Griechenland, Italien und Portugal zählt Spanien zu den Ländern mit der höchsten Jugendarbeitslosigkeit in Europa. Zugleich rühmt sich Spanien, noch nie zuvor eine so gut ausgebildete Alterskohorte gehabt zu haben wie heute. Das Problem ist nur, dass das dieser gut ausgebildeten Alterskohorte wenig nützt. Trotz hoher Qualifikationen haben nur wenige Aussicht auf ein reguläres Einkommen in einem arbeitsrechtlich geregelten Vollzeitjob. Die Spanier sprechen von ihrer „generación cero", was wohl so viel wie „Generation null Chancen" bedeutet. Wer von den Jungen Arbeit findet, ist durchwegs unterbezahlt und arbeitet fast immer in befristeten Beschäftigungsverhältnissen. Für viele ist aber selbst eine derartig prekäre Beschäftigung weit außer Sicht. Und so tragen sich immer mehr junge Spanier und Spanierinnen mit dem Gedanken auszuwandern (Hecking 2013: 23). Ein beklemmendes Szenario.

In Deutschland und Österreich ist die Jugendarbeitslosigkeit zwar kein so großes Problem, doch der Übergang ins Vollerwerbsleben gestaltet sich auch hier bei vielen – gerade auch bei gut ausgebildeten jungen Menschen – nicht immer so lückenlos und zügig, wie man sich das wünschen würde. Die öffentliche Debatte nennt diese jungen Menschen „Generation Praktikum". Eltern sprechen hingegen von ihren „fast erwachsenen Kindern". Fast erwachsen heißt in diesem Fall, dass die jungen Leute trotz abgeschlossener Ausbildung auf materielle Unterstützung angewiesen sind. Viele wohnen aus Kostengründen auch noch Mitte oder Ende zwanzig im „Hotel Mama" und haben meist noch ein gutes Stück Weges vor sich, bis sie im Berufsleben voll etabliert sein werden. Und bis dahin behalten sie eine jugendliche Lebensweise bei. Konkret heißt das, Kneipentour statt wochenendlichem Familientreffen und Musikevents wie „Frequency" oder „Rock am Ring" statt Bergwandern. Interesse für gesetzte Freizeitaktivitäten, die dem Bild eines geordneten Erwachsenenlebens entsprechen, haben selbst diejenigen unter ihnen, die auf Ende zwanzig zugehen, selten.

## Langanhaltende Jugend: „Nesthocken" liegt im Trend

Früher einmal galt man mit Erreichen der Volljährigkeit als erwachsen. Erwachsen sein bedeutete, dass man die wilde Zeit des „Sturm und Drang" hinter sich gelassen hatte, um sich nun dem Ernst des Lebens zuzuwenden. Im Klartext hieß das: Berufseinstieg und Familiengründung. Doch das ist lange vorbei. Heute spricht die Jugendforschung von einer langanhaltenden Jugend. Wie es dazu kommt, ist rasch erklärt: Die Bildungsexpansion schreitet zügig voran. Das heißt, immer mehr junge Menschen erreichen immer höhere Bildungsabschlüsse und die Zeit, die sie im Bildungssystem verweilen, dauert dementsprechend länger. Zwar ist der Typus des selbstverwirklichungsorientierten „Bummelstudenten" aus der Mode gekommen. Dennoch bleibt auch heute ein Gutteil der studentischen Jugend zumindest bis gegen Mitte zwanzig im Bildungssystem. Daran dürfte sich in näherer Zukunft nicht allzu viel ändern, zumal es ein erklärtes politisches Ziel ist, die Akademiker- und Akademikerinnenquote weiter zu erhöhen. Zu diesen verlängerten Bildungsbiographien kommen aber eben auch neue Berufseinstiegsszenarien, die das ökonomische Selbstständigwerden erschweren.

Angesichts des engen Jugendarbeitsmarktes ist es für junge Menschen generell nicht leicht, gleich nach Abschluss ihrer Ausbildung einen Vollzeitjob zu finden, der ihren Vorstellungen entspricht. Diejenigen, denen es an Qualifikationen mangelt, haben sowieso keine Chance. Besonders problematisch ist die Situation für so genannte „Neets". Der Begriff „Neet", ein Kürzel für „not in education, employment or training", bezeichnet Jugendliche, die weder im Bildungs- noch im Erwerbssystem verankert sind und auch mit arbeitsmarktpolitischen Trainings- und Qualifizierungsmaßnahmen nicht erreicht werden. Sie repräsentieren den Typus des jugendlichen Dropouts in seiner schärfsten Form. Großteils stammen „Neets" aus bildungsfernen Milieus. Schätzungen sprechen davon, dass auf die jugendliche Gesamtbevölkerung gerechnet bis zu zehn Prozent in diese Gruppe fallen. In Österreich liegen für den Zeitraum 2008 bis 2010 auch konkrete Zahlen vor: Statistische Berechnungen der Johannes

Kepler Universität Linz ergaben 8,2 Prozent „Neets" in der Altersgruppe der Sechzehn- bis Vierundzwanzigjährigen bundesweit (Bacher/Tamesberger 2011, S. 103). Das ist eine gar nicht so kleine Gruppe. Und das Schlimmste dabei: Die Gesellschaft hat keine Idee, was man mit diesen Jugendlichen anfangen könnte.

Doch nicht nur „Neets" sind eine echte Herausforderung. Auch junge Menschen mit vorzeigbaren Bildungsqualifikationen werden schneller zur Problemgruppe als viele vermuten: nämlich dann, wenn sie mangels Aussicht auf einen arbeitsrechtlich gesicherten Vollzeitjob auf Teilzeit „jobben" oder als „Freeter", so das Kürzel für „Free Worker", mehr schlecht als recht für ihren Lebensunterhalt sorgen können und daher auf materielle Stütze der Eltern angewiesen sind. Immer mehr junge Erwachsene bestreiten in der Berufseinstiegsphase ihren Lebensunterhalt in einer Kombination aus ersten, eher schmal bemessenen eigenen Einkünften und finanzieller Unterstützung durch die Eltern bzw. gratis Kost und Logis. Vor allem in den Wissens- und Kreativberufen sind schlecht bezahlte Praktika zu einem normalen Berufseinstiegsszenario geworden. Bis es gelingt, im Erwerbsleben voll Fuß zu fassen und finanziell wirklich auf eigenen Beinen zu stehen, bleibt die Herkunftsfamilie für viele somit gezwungenermaßen Basisinfrastruktur und Versorgungseinrichtung. Hinzu kommen steigende Wohnungsmieten. Und auch der Anspruch, nicht sparmeisterlich auf alles, was Spaß macht, zu verzichten, sondern zumindest ein wenig „Kohle" zu erübrigen, um zwischendurch auch einmal nett essen zu gehen, anstatt zuhause die ewig gleichen Kartoffel-, Reis- und Nudelgerichte zu kochen, bindet junge Erwachsene heute oft vergleichsweise lange an das „Hotel Mama". Was man nicht vergessen darf: Bequem ist das Leben im „Hotel Mama" natürlich auch, der Kühlschrank ist normalerweise niemals leer, und dass am Wochenende das Toilettenpapier ausgeht, ist eher die Ausnahme als die Regel.

Besonders ausgeprägt ist der Trend zum Nesthocken in den südeuropäischen und osteuropäischen Ländern. Aber auch Österreich reiht sich in die Gruppe der Nesthockernationen durchaus gut ein. Die Statistiken zeigen, dass vor allem junge Männer zum Nesthocken neigen. Ende der Nullerjahre lebten in der Altersgruppe der Fünfundzwanzig- bis Neunundzwanzigjährigen in Österreich rund vier von zehn jungen Männern noch im Haushalt der Eltern, bei den jungen Frauen derselben Altersgruppe waren es deutlich weniger: nämlich nur zwei von zehn. Deutschland ist im Vergleich dazu ein echtes Musterland. Hier zeigen die Statistiken in der Altersgruppe der Fünfundzwanzig- bis Neunundzwanzigjährigen nur knapp zehn Prozent der jungen Männer und vier Prozent der jungen Frauen als „Hotel Mama"-Bewohner (Österreichisches Institut für Familienforschung 2011: 31). Angesichts steigender Lebenshaltungskosten wie auch mangelnder Job-Perspektiven zieht übrigens so mancher, der Anfang zwanzig von zuhause bereits ausgezogen war, Mitte zwanzig wieder bei den Eltern ein.

Fassen wir das Phänomen der „langanhaltenden Jugend" also noch einmal kurz zusammen: Bildungsbiographien verlängern sich. Der Einstieg in ein geregeltes Vollzeiterwerbsleben gestaltet sich oft schwierig. Familiengründung wird von jungen Menschen immer öfter bewusst nach hinten verschoben. Und in Zeiten, in denen sich die ältere Generation, insbesondere in den bildungsnahen Milieus, um eine tolerante und verständnisvolle Haltung bemüht, gilt das „Hotel Mama" nicht mehr als uncool oder gar peinlich, sondern ist voll akzeptiert: Während junge Leute früher so rasch wie möglich aus dem elterlichen

Haushalt ausziehen wollten, ist es heute ganz normal, bis Mitte oder auch Ende zwanzig „Nesthocker" zu sein. Vom Generationenkonflikt hat sich diese Jugendgeneration offensichtlich verabschiedet. Mit den Eltern oder auch mit Lehrern und Chefs um die eigene Sicht der Dinge zu ringen, kommt für die meisten jungen Leute nicht wirklich in Frage. Sie begehren nicht auf, sondern spielen lieber mit, „weil es zu aufwändig wäre, die Debatten immer mit Ehrlichkeit zu führen", so argumentieren sie.

Nicht zuletzt aus strategischen Gründen verhält sich diese Jugendgeneration Älteren gegenüber meist eher smart. Dass Junge über die „alten Spießer" schimpfen, findet man selten, eher schon, dass sie ihren Einsatz von Höflichkeit und gutem Benehmen nach dem persönlichen Nutzen kalkulieren. Das gilt für Twentysomethings und vielleicht mehr noch für Teenager. „Zur älteren Generation höflich sein, das bringt's wirklich", meint beispielsweise Sam. Er ist siebzehn, stammt aus einer albanischen Zuwandererfamilie, ist zweisprachig aufgewachsen und spricht im Alltag normalerweise nur deutsch. „Wenn ich von meinen Eltern etwas will, rede ich aber auf Albanisch", erzählt er, „es ist höflich und die Eltern sind dann gleich ganz anders. Wenn ich mich gewählt auf Albanisch ausdrücke, erlauben sie mir eigentlich alles, was ich will." Für ihn, der vom Ausgehfieber gerade so richtig erfasst wurde und am liebsten nächtelang durchmachen würde, ist das natürlich prima.

### „Du darfst kein MoF sein": Wie Jugendliche Beziehungen leben

Was die Eltern-Kind-Beziehung betrifft, haben Jugendliche offensichtlich ihre eigene Linie. Und auch, was Freundschaften betrifft, haben sie ihre eigene Philosophie. Als Grundregel gilt:

„Du darfst kein MoF sein", was so viel heißt wie: Du darfst kein Mensch ohne Freunde sein. Dabei trennen sie für gewöhnlich scharf zwischen richtig guten Freunden und „nur so Freunden", die eher oberflächlichen Bekanntschaften gleichkommen. Und doch betonen sie, dass beides zu haben, für sie wichtig ist. Die guten Freunde, mit denen man durch dick und dünn geht, die braucht man einfach: Wenn die Zeiten hart sind, stehen sie hilfreich zur Seite und spenden Trost. Und die anderen braucht man auch: als Freizeitpartner, mit denen man Spaß haben kann, ohne dass sie einen deshalb gleich mit all ihren Problemen „zumüllen".

Jugendstudien zeigen, dass nahezu hundert Prozent der Jugendlichen in feste Freundeskreise eingebunden sind. Sozial Isolierte findet man – entgegen der gängigen Meinung – selbst in der Gruppe der ständig „daddelnden" Computer-Gamer kaum (Institut für Jugendkulturforschung/Großegger 2008b: 21). Dass die Jugend durch offensive Technologienutzung zu Einsiedlerkrebsen wird, lässt sich aus Sicht der Jugendforschung also nicht bestätigen. Die digitale Durchdringung des jugendlichen Alltags bewirkt eher das Gegenteil. Sie führt bei der breiten Mehrheit der Jugendlichen nicht zu weniger, sondern zu deutlich mehr Kontakten innerhalb der Gesellschaft der Gleichaltrigen. Man denke nur an Facebook. Da gilt: je größer der Kontaktkreis, desto besser. Ein paar hundert Facebook-Freunde zu haben, ist bei Jugendlichen heute normal. Und hundert am Smartphone gespeicherte Telefonnummern sind Beleg dafür, dass sie unter Ihresgleichen auch sonst gut vernetzt sind. Und das ist durchaus wichtig. Über sich selbst sagen zu können: „Hey, Mann, so famous ist nicht jeder in unserem Alter. Hey, ich bin ur famous: Ich hab' hundert Freunde in meinem Handy drinnen", bringt in der jugendlichen Gesellschaft der Gleichaltrigen nämlich Prestige. Dennoch käme kaum jemand auf die

Idee, alle Namen, die am Smartphone im Telefonbuch abgelegt sind, und alle Leute, die via Facebook Freundschaftsanfragen schicken, auf ein- und dieselbe Ebene mit den „Allerbesten" (so die Bezeichnung für diejenigen, die mit einem durch dick und dünn gehen) zu stellen. Große Geselligkeitsnetzwerke haben eine völlig andere Beziehungsqualität als tiefe Freundschaften, die auf wechselseitigem Vertrauen basieren. Jugendlichen ist das sehr wohl bewusst, und solange allen klar ist, worum es geht, sehen sie darin kein Problem.

Jugendkulturelle Szenen, in die heute die breite Mehrheit der Jugendlichen involviert ist, wie HipHop, Techno, Skateboard und Co., funktionieren übrigens ähnlich. Auch hier wird Gemeinschaft ohne große solidaritätsbezogene Wertsetzungen erlebt. Und auch hier regiert die Unverbindlichkeit der schwachen Bindungen. Innerhalb der Szene sind Jugendliche entlang von szenerelevanten Themen über zig Ecken oder, um es im Jargon der Netzwerkforschung zu sagen, über unzählige Knoten miteinander verbunden, ohne dass sie einander dabei persönlich emotional nahe sein oder, wie im Falle der starken Bindungen, füreinander Verantwortung übernehmen müssten. Was Gemeinsamkeit stiftet, sind geteilte Interessen, Alltagspraxen und ästhetisches Ausdrucksverhalten. Wer zusammengehört und wer nicht, das erkennt man am Style. Mehr braucht es hier nicht.

Und wie sieht es mit Liebesbeziehungen aus? Nun, viele Jugendliche träumen von der niemals zu Ende gehenden romantischen Liebe. Und doch ordnen sie ihre Beziehungskisten meistens völlig anders. Kaum einer, der mit vierzehn, fünfzehn oder sechzehn seine erste große Liebe trifft, glaubt ernsthaft an ein „Bis der Tod euch scheidet". Die Jugend ist eben realistisch. Die meisten denken sich: Wir nehmen es so, wie es gerade kommt.

Manche sagen sich: Solange ich jung bin, will ich mich nicht binden, da genieße ich doch lieber meine Freiheit. Andere haben Spaß am „Daten" und sammeln in einem rasant drehenden Verabredungskarussell ihre Erfahrungen. Wieder dritte fühlen sich ohne eine feste Beziehung irgendwie unvollständig und sind daher niemals lange solo, sondern fast immer liiert, oder wie man in Österreich sagt: „fix verbandelt" – auch dann, wenn es von Anfang an absehbar ist, dass diese Beziehung wohl nur für ein paar Wochen halten wird.

Wer die große Liebe nicht gleich trifft, ist zum Warten jedenfalls meist nicht bereit. Und wer sich gut leiden kann und bereits intim war, zieht vielleicht auch zusammen. Die gemeinsame Wohnung ist vor allem für Lehrlinge und Azubis eine Möglichkeit, dem elterlichen Haushalt auf finanziell leistbare Art und Weise zu entfliehen. Wenn dabei nicht die große Liebe mit im Spiel ist, ist das für die meisten kein Problem. Bei Jelena, siebzehn und momentan in einer kaufmännischen Lehrausbildung, ist das beispielsweise der Fall. Sie wohnt mit ihrem derzeitigen Freund zusammen. Doch aus ihrer Sicht ist die Beziehung nur eine Sache auf Zeit. „Wenn man mit jemandem zusammenlebt und sich denkt: Ich will nur mit dir zusammen sein – und mit keinem anderen –, dann kann man ans Heiraten denken. Aber wenn man auch noch an andere denkt, obwohl man mit jemand zusammenlebt, dann sollte man besser nicht heiraten." Wenn Jelena über ihre derzeitige Lebenssituation spricht, erinnert das eher an kühlen Pragmatismus als an lodernde Leidenschaft oder große emotionale Verbundenheit. Nach dem Mann, mit dem sie jetzt zusammen ist, werden noch etliche andere kommen, diesbezüglich ist sie sich sicher. Und doch hofft sie, irgendwann einmal „den Richtigen" zu finden, den will sie dann auch heiraten. Heiraten ist für sie ein „ganz großes Ding". Und das ist es nicht nur für sie.

Die heutige Jugend wächst in einer Zeit auf, in der es offensichtlich immer schwieriger wird, langfristig glückliche Beziehungen zu führen. Man muss sich nur ein wenig umsehen. In den Städten explodieren die Scheidungszahlen, Online-Partnerbörsen boomen und Lebensabschnittspartnerschaften gelten mittlerweile sogar in konservativen Milieus als normal. In diesem Szenario passiert mit der Jugend etwas Seltsames. Gerade diejenigen, die in ihrem Alltag verblüffend nüchtern an Paarbeziehungen herangehen, sagen: „Ich möchte auf jeden Fall heiraten, aber ich möchte nur einmal heiraten: Ich bin da sehr altmodisch." Das heißt, sie stellen das Eheversprechen auf ein imaginäres Podest und erklären es zur einzig ernst zu nehmenden Besiegelung der wahren und echten romantischen Liebe, nach der sie selbst noch auf der Suche sind.

Kurz gesagt: Jugendliche sind seltsame Beziehungswesen, und zwar in mehrerlei Hinsicht. Sie setzen Widersprüche, mit denen sie aufwachsen, durch Traumvorstellungen außer Kraft. Ihre Beziehungsstile sind von einer Mischung aus Bindungssehnsucht und gelebter Unverbindlichkeit geprägt. Scheinbar gleichwertig stellen sie starke und schwache Bindungen nebeneinander. Und allzu oft gehen sie gegen die realen Verhältnisse mit nahezu naiv anmutenden Sehnsüchten an. Ihr Beziehungsalltag bietet also ein echtes Kontrastprogramm, was viele, die bereits zu den älteren Semestern zählen, ernsthaft verstört. Sind die, die so „ticken" nun warmherzige Menschenfreunde oder unbeteiligte Egomanen? Sind sie beziehungsorientiert und in ihren Beziehungswerten vielleicht sogar konservativ oder sind sie vielmehr verantwortungsscheue Flexibilitäts-Champions? Fragen wie diese werden häufig gestellt. Doch wer so fragt, greift zu kurz, denn er sucht nach Eindeutigkeit, wo es Eindeutigkeit nicht mehr gibt. Jugendliche denken nämlich nicht in Entweder-oder-Kategorien. Für sie gilt vielmehr, (fast) alles geht mit (fast) allem zusammen: und zwar, wenn es um Beziehungen, aber auch – auf einer viel allgemeineren Ebene –, wenn es um Lebensphilosophien und Werte geht.

## Klare Linien, das war einmal: Heute gilt, alles geht mit allem zusammen

Werte sind bekanntermaßen ein heikles Thema. Und gerade hier können es die Jugendlichen den Erwachsenen nicht recht machen, so scheint es. Während die einen die Jugend als Speerspitze der Spaßgesellschaft und Boten des Werteverfalls sehen, glauben wieder andere in ihr ein „neues Biedermeier" zu entdecken und rümpfen die Nase, weil ihnen die heute Jungen viel zu brav sind. Was sagt die Jugendforschung dazu? Themenverfehlung – und zwar gleich in zweifacher Hinsicht. Die Jugend präsentiert sich nämlich als seltsame Mischung aus beidem. Sie strebt nach Sicherheit, sucht die Harmonie, hält ein intaktes Familienleben für wichtig, ist in ihren Lebenseinstellungen wenig kantig, sondern wirkt eher angepasst. Dennoch zeigt sie wenig Traditionsbewusstsein, will selbstbestimmt sein, strebt nach Spaßhaben und „tickt" bei alle dem völlig anders als „konservative Ordnungsmenschen". Mit anderen Worten: Sie lebt einen kunterbunten und oft auch durchaus etwas widersprüchlichen Werte-Mix.

Fragt man Jugendliche, was Werte eigentlich sind, sagen sie: „Werte sind etwas Individuelles: Jeder hat andere Werte." „Sie sind so eine Art Geländer, an dem man sich eine Zeit lang festhält. Und dann entfernt man sich wieder." Und quasi als Ergänzung merken sie an: „Man muss Werte auf ihre Alltagstauglichkeit testen können. Dann kann man aus Erfahrung lernen, ob sie einen guten Zweck erfüllen oder ob sie überholt sind." Inwieweit Werte das Handeln der Jugendlichen anleiten, ist nicht gänzlich klar. Spricht man sie direkt darauf an, meinen sie, ihr Handeln werde zuallererst von ihren ganz *persönlichen* Werten und an zweiter Stelle von ihren Gefühlen beeinflusst. Weltanschauliche Systeme wie Religionsgemeinschaften oder politische Parteien haben, wenn es nach der Selbsteinschätzung der Jugendlichen geht, nur marginalen Einfluss auf ihr Handeln im Alltag (Institut für Jugendkulturforschung 2012a: 8). Feste Prinzipien findet man in ihrer Lebensorientierung selten. Anstatt sich weltanschaulich zu binden, entnehmen sie lieber verschiedenen Wertesystemen einzelne Bestandteile und setzen diese gleich einem Selbstbausatz zu einer persönlichen Lebensphilosophie zusammen. Dass dabei nicht immer so kombiniert wird, wie es den Erwachsenen schlüssig scheint, versteht sich von selbst.

Die Theologin Ilse Kögler bringt dazu ein anschauliches Beispiel. Ein katholischer Religionslehrer stellt bei der Matura die Frage: „Warum sollten Christen und Christinnen Nächstenliebe üben?" Seine Schülerin antwortet: „Weil das gut fürs Karma ist" (Kögler 2010: 13). Dass dies im religiös-weltanschaulichen System, aus dem sie stammt, die falsche Antwort sein könnte, daran denkt sie nicht. Und wenn man sie darauf aufmerksam macht, hat das für sie wohl auch keine große Bedeutung. Die heutige Jugend ist es eben gewohnt, sich aus allerlei Inspirationen und Ideen, über die sie im Alltag stolpert, ihren individuellen Sinn-Cocktail zu mischen. Dass da alles Mögliche und gelegentlich auch das scheinbar Unmögliche aufeinandertreffen, ist normal. Ein Phänomen, welches die Identitätsforschung unter dem Titel „Pluralitätskompetenz" beschreibt und das sie als wichtige Grundlage sieht, um sich in einer unübersichtlichen und dynamisch verändernden Welt wie der unseren überhaupt zurechtzufinden.

Wenn man die Werthaltungen Jugendlicher verstehen will, muss man sehen, dass Werte für diejenigen, die sich an ihnen orientieren, immer das Wünschenswerte markieren. Doch dieses Wünschenswerte hat zwei Gesichter. Im einen Fall ist es das, was man im persönlichen Alltag fest verankert hat, weil es einem wichtig ist. Im anderen Fall ist es hingegen das genaue Gegenteil: nämlich das, was man im Alltag am meisten vermisst. Die oftmals schrägen Mischungen, die Jugendliche in Sachen Lebensorientierung und Werte finden, tragen Spuren von beidem. Und sie spiegeln immer eine bestimmte biographische Phase. Bei Eintritt in einen neuen Lebensabschnitt werden neue Elemente hinzugenommen, alte Versatzstücke werden dann oft einfach ausradiert. So bleiben die Lebensphilosophien in Bewegung und so nimmt die persönliche Entwicklung ihren Lauf. Alles sehr bunt und dynamisch, wie es scheint. Doch trotz dieses ständigen Wandels gibt es ein paar Fixpunkte, an denen junge Menschen heute ihr Leben orientieren. Sie setzen auf individuelle Selbstentfaltung, Spaß und Lebensgenuss. Ehrgeiz und die richtige Dosis Erfolgsorientierung sind für sie Eigenschaften, die man braucht, um die pausenlose Attacke der Anforderungen zu meistern und gut durchs Leben zu kommen. Macht über andere zu haben, ist für die breite Mehrheit hingegen uninteressant. Und auch gesellschaftlicher Gestaltungswille ist eher schwach ausgeprägt. Die Ärmel aufzukrempeln, um sich an der Idee einer besseren Welt abzuarbeiten, ist kein großes Thema. Die heutige Jugend hat andere Vorstellungen von ihrem Leben. Sie will nicht verändern. Sie will experimentieren und Verschiedenes ausprobieren. Das zeigt sich nicht zuletzt auch in ihren Selbstkonzepten.

Selbstkonzepte sind im Grunde genommen nichts anderes als das Bild, das sich Menschen von sich selbst machen. In den

Selbstkonzepten der Jugendlichen vermischen sich dabei ein „reales Selbst", also das, wie die Jugendlichen wirklich sind – mit all ihren Stärken und Schwächen –, und ein „ideales Selbst", das anzeigt, wie sie gerne wären. Bei all jenen, die nicht auf radikalen Verweigerungskurs gehen, spielen darüber hinaus auch verinnerlichte gesellschaftliche Leitwerte und Normen in die Selbstkonzeptbildung mit hinein, meist übrigens ohne große kritische Reflexion, sondern eher unbewusst in Form eines in den Alltag einprogrammierten „learning by doing". Untersuchen lassen sich Selbstkonzepte, indem man Jugendlichen verschiedene Sozialcharaktere vorlegt und sie dann bittet, zu sagen, wem sie selbst ähnlich sind. Wie groß angelegte Studien zeigen, akzentuieren junge Leute in ihren Selbstbildern heute vor allem die Werte „Benevolenz", „Hedonismus" und „Autonomie" (Institut für Jugendkulturforschung 2011b: 18ff sowie Institut für Jugendkulturforschung 2012a: 15ff). Konkret heißt das, dass sie sich in der kleinen Welt des Privaten als verlässliche Partner sehen und für andere, die ihnen wirklich nahe stehen, da sein wollen, wenn diese sie brauchen. Sie möchten aber auch Spaß haben und, solange sie jung sind, das Leben genießen und selbstbestimmt sein. In die Fußstapfen der Elterngeneration zu treten, ist für die breite Mehrheit uninteressant. Belehrt zu werden oder zu irgendwelchen „sinnvollen" Aktivitäten verdonnert zu sein, gilt als Übel. Farin Urlaub, Kopf der deutschen Punkrock-Band *Die Ärzte,* sagt: „Ich habe definitiv ein Autoritätsproblem damit, wenn Leute sagen: ‚Ich weiß es besser als du.' Es gibt sicher ganz viele Leute, die ganz viele Sachen besser wissen als ich, aber ich mag es nicht, wenn mir jemand abspricht, dass meine eigenen Gedanken vielleicht auch eine gewisse Gültigkeit haben" (*Sounds* 2/2008: 47). Den „Kindern der Krise" spricht er damit aus der Seele. Für die Lebensweisheit der älteren Generationen interessieren sie sich wenig. Und sie sind auch nicht bereit, die

Vorstellungen „der Alten" so einfach zu akzeptieren – nicht zuletzt deshalb, weil sie das Gefühl haben, dass diese sie in ihrem
Leben ohnehin nicht weiter bringen.

## Freiheit, Leistung, Selbstverwirklichung:
## Werte in der Zeitmaschine

Dass Jugendliche nicht nach der Pfeife der Erwachsenen tanzen
wollen, ist nun nicht wirklich neu. Seit den späten 1960er Jahren
beschäftigen die Autonomieansprüche der Jugend die öffentliche
Jugenddebatte. Zunächst ging es den Jugendlichen darum, sich
von den Zwängen eines als überkommen empfundenen Systems
zu lösen. Die progressive Jugend stellte das politische Establishment in Frage und wollte sich aus der Umklammerung durch
die elterliche Ordnung befreien. Sie verweigerte Vorgaben, miss-
achtete Traditionen und lehnte sich gegen das enge Leben klein-
bürgerlicher Existenzen auf. Bis tief in die 1980er Jahre hinein
lief das so. Damals stand Selbstbestimmung für Unabhängigkeit
in einem emanzipatorischen Sinn. Doch dann hörte das Establishment auf, Reibebaum für die Jugend zu sein. Das System
geriet mehr und mehr aus dem Blickfeld, stattdessen rückte
das Individuum in den Mittelpunkt. Damit verschob sich auch
die jugendliche Perspektive auf Autonomie. Selbstbestimmung
blieb den Jugendlichen zwar weiterhin wichtig, doch das Wort
bedeutete plötzlich etwas anderes: nämlich die Möglichkeit zu
persönlicher Selbstentfaltung. Und das ist bis heute so geblieben.

„Ich will meine eigene Vision vom Leben umsetzen", sagt
Gerard. Er ist Mitte zwanzig, Absolvent eines Jura-Studiums
und Rapper. „Es geht darum, deine Welt zu erobern", fügt er
dann noch erläuternd hinzu (*Juice* 9/2013: 49). Gerard hat kein
großes Interesse daran, die Gesellschaft zu verändern, nein, er

will einfach nur seine eigene kleine Welt gestalten, und zwar so, dass sie seinen Vorstellungen bestmöglich entspricht. Und die meisten aus seiner Generation sehen das ähnlich. Selbstbestimmung und Selbstverwirklichung stehen bei der heutigen Jugend auf ein und derselben Stufe. Es geht nicht mehr darum, sich von den Fesseln des Systems zu befreien. Politische Kategorien haben ausgedient. Junge Leute wollen einfach die Freiheit haben, sich nicht nach anderen richten zu müssen, sondern so handeln zu können, wie sie selbst es möchten.

„Wir sind privilegiert genug, so dass wir eine Wahl haben, das zu tun, was uns Spaß macht", sagt Rainer und signalisiert damit, dass er ein selbstbestimmtes Leben, so wie es ihm vorschwebt, bereits erreicht zu haben glaubt. Anschaulicher kann man den Bedeutungswandel von Autonomie kaum in Worte fassen: Der emanzipatorische Anspruch, Freiheit *von* etwas zu erlangen, der mit dem Autonomiestreben Jugendlicher einst eng verknüpft war, ist der Idee, Freiheit *zu* etwas zu haben, gewichen. Die politische Philosophie spricht im einen Fall von „negativer Freiheit" und meint damit die Freiheit von Beschränkungen des Handelns, und im anderen Fall von „positiver Freiheit" als Freiheit zu bestimmten Handlungen (Koller 1996: 113f). Jugendliche können mit derlei terminologischen Spitzfindigkeiten nicht viel anfangen und doch bekennen sie sich heute ganz klar zu Variante zwei.

Wie man Freiheit, Selbstbestimmung und Selbstverwirklichung aus Sicht Jugendlicher zeitgemäß für sich selbst interpretiert, lässt sich aus dem Lifestyle der Freestyler vielleicht am besten ablesen. „For me skateboarding has always been an alternative or an answer to team sports. No coaches, no rules. Just me, the streets and my board. Freedom" („Für mich war Skateboarden immer eine Alternative oder Antwort auf Teamsport. Skateboarden bedeutet: keine Coaches, keine Regeln. Nur ich, die Straßen und mein Brett. Freiheit.") – das Statement, mit dem eine populäre Skatermarke in der Szene wirbt, erklärt im Grunde alles. Freestyle-Sportarten wie Skateboarden, Snowboarden oder Freeskiing sind weit mehr als Sport. Sie bürsten die Ordnung des etablierten Vereins- und Breitensports gegen den Strich und geben ihren Protagonisten und Protagonistinnen das Gefühl der Autonomie. Bei Freestyle geht es um Selbstbestimmung im Sinne eines Außerkraftsetzens bestehender Regeln. Und es geht auch um Selbstverwirklichung, zumal Freestyler sich auf das „eigene Ding" konzentrieren, anstatt brav die Erwartungen anderer zu erfüllen. Das wiederum vermittelt ihnen ein ungemein befriedigendes Gefühl individueller Freiheit.

Dass ein ausgeprägter Selbstentfaltungsdrang vor allem in den jungen Bildungseliten den Zeitgeist markiert, hat sich mittlerweile herumgesprochen. Und insbesondere die Wirtschaft nimmt dies durchaus wohlwollend zur Kenntnis, zumal sich daraus Kapital schlagen lässt. Junge Leute, die bereit sind, Verantwortung zu übernehmen, bei spontan auftretenden Problemen schnell kreative Lösungen finden und selbst richtige Entscheidungen treffen, anstatt ihren Chefs am Rockzipfel zu hängen, und die noch dazu eine überdurchschnittliche Identifikation mit ihrer beruflichen Tätigkeit zeigen, so dass es ihnen nicht viel ausmacht, wenn sie abends oder am Wochenende arbeiten müssen, sind heiß begehrt. Verpönt sind hingegen all jene, die zwar tolle Bildungszertifikate vorweisen können, aber ohne die Motivation, sich in ihrer beruflichen Tätigkeit selbst zu verwirklichen, lediglich Dienst nach Vorschrift tun. Produktivitätssteigerung durch hoch qualifizierte, eigeninitiative und motivierte junge Mitarbeiter und Mitarbeiterinnen, so tönt in Wirtschaftskreisen das Motto. Und die Botschaft an Berufseinsteiger und

Berufseinsteigerinnen ist dabei unmissverständlich: „Selbstverwirklichung, Kreativität, ja sogar Querdenken sind von unserer Seite akzeptiert, ja sie sind sogar erwünscht – allerdings unter einer Bedingung: nämlich dass sie die Produktivität steigern, und zwar auf direktem Wege und unmittelbar spürbar. Andernfalls sind sie ökonomisch unnütz und somit wertlos." Treffender als der Kulturwissenschafter Ramón Reichert kann man die Situation, in der junge Leute hier in die Erwerbsarbeitswelt einsteigen, kaum beschreiben. Er sagt: Werte, die einst gegen die Paradigmen der Leistungsgesellschaft gerichtet waren, wie Autonomie, Kreativität, Authentizität, seien heute zu Persönlichkeitsmerkmalen der Leistungselite innerhalb der kapitalistischen Gesellschaft geworden (Reichert 2008: 40).

Apropos Leistung: Auch der Leistungsbegriff hat sich während der letzten Jahrzehnte verändert. Heute geht es nicht mehr so sehr um die Leistung an sich, sondern es geht vielmehr darum, sich als Träger oder Trägerin dieser Leistung möglichst gut zu verkaufen. Nur unter dieser Voraussetzung hat man Aussicht auf Anerkennung und Erfolg. Nur so kann man sich auf den wettbewerbsorientierten Märkten auch tatsächlich durchsetzen. Kreatives Selbstmarketing ist ein Muss, ohne angemessene Inszenierung läuft gar nichts. Die klassische Leistungsgesellschaft hat sich in eine Erfolgsgesellschaft (Neckel 2008) verwandelt und in dieser Erfolgsgesellschaft zählen marktförmige Selbstinszenierungen und die Regel „Wer nicht auffällt, fällt durch" häufig deutlich mehr als die tatsächlich erbrachte Leistung. Wem es nicht gelingt, in den Aufmerksamkeitshorizont anderer vorzudringen, hat sich umsonst bemüht. Die Gesetze des Erfolgs sind wirklich gnadenlos. Gefragt ist ein Arbeitskrafttypus, der selbstständiges Handeln, Innovationsgeist und Risikobereitschaft mit Durchsetzungskraft und Selbstdarstellungsfähigkeit verbindet

(Bröckling 2007: 64). Berufseinsteiger und Berufseinsteigerinnen, die zwar fachlich qualifiziert sind, aber mit Mitte zwanzig noch immer auf widerständige Identitätsexperimente setzen oder nach wie vor in persönlichen Selbstfindungsprojekten festhängen, will heute niemand. Und wer beim Berufseinstieg auf eine arbeits- und sozialrechtlich klar geregelte Fixanstellung pocht, gilt insbesondere in den schicken Wissens- und Kreativberufen schnell als zu unflexibel für die neue Arbeitswelt.

Da attraktive Jobs rar sind und der Wettbewerb um diese unter den jungen kreativen Köpfen dementsprechend groß ist, gilt immer öfter frei nach dem Motto der deutschen Pop-Band *Die Türen*: „Pause machen geht nicht, sonst bist du arbeitslos und pleite" (*Spex* 3/4/2012: 15). Wer mit im Spiel bleiben will, ist aufgefordert, dies zu akzeptieren. Das ist die nicht so rosige Realität, auf die junge Bildungseliten, die in der öffentlichen Debatte gerne als die Gewinner und die Gewinnerinnen gesellschaftlicher Modernisierungsprozesse dargestellt werden, heute zusteuern. Und was ist mit denen, die ganz offensichtlich auf der Verliererseite stehen? Wie steht es um diese jungen Menschen? Eine gute Frage, denn sie haben an den Entwicklungen, die unsere Gesellschaft derzeit nimmt, wohl besonders hart zu nagen.

## Jugend am Rande der Gesellschaft: Worüber niemand gerne spricht

Die Gesellschaft ist bekanntermaßen nicht ein starres, fortwährend gleichbleibendes Gebilde. Im Gegenteil, sie ist in Bewegung und verändert sich an vielen Ecken und Enden stetig. In manchen Bereichen zieht sie sich dabei wie ein „Bubblegum" und es lässt sich heute kaum abschätzen, wie sie morgen oder übermorgen aussehen wird. In anderen Bereichen nimmt das, was uns morgen erwartet, aber bereits Konturen an. Die bröckelnde Mittelschicht ist dafür ein gutes Beispiel. Lange Zeit hieß es, dass eine breite Mittelschicht Kennzeichen unserer Gesellschaft sei und dass eben diese breite Mittelschicht als wichtiger Stabilitätsfaktor wirke. Angesichts der gesellschaftlichen Dynamiken der letzten Jahre gerät dieses Bild jedoch zunehmend ins Wanken. Die Gesellschaft zerfällt mehr und mehr in eine Gruppe von Gewinnern und eine von Verlierern. Und dazwischen befindet sich eine verunsicherte Mitte. Der deutsche Politikwissenschaftler Gero Neugebauer hat diese Entwicklung mit dem Konzept der „Drei-Drittel-Gesellschaft" beschrieben (vgl. Neugebauer 2007: 68). Das Drei-Drittel-Prinzip prägt im frühen 21. Jahrhundert die Gesamtgesellschaft und ebenso die jugendliche Gesellschaft der Gleichaltrigen. Dies deutete bereits die im Jahr 2010 veröffentlichte *16. Shell Jugendstudie* an (vgl. Shell Deutschland 2010: 56). Die Daten zeigten, dass rund ein Drittel der deutschen Jugendlichen der Oberschicht und oberen Mittelschicht zuzurechnen ist und ein sorgenfreies Leben mit der Perspektive auf eine vergleichsweise gute Zukunft führt. Ein zweites Drittel entstammt der Unterschicht und unteren Mittelschicht und hat aufgrund von materieller Armut, fehlender Bildung und mangelndem Sozialkapital ein erhöhtes Risiko, im Leben nicht optimal Fuß fassen zu können. Dazwischen liegt die Jugend aus der mittleren Mittelschicht. Sie versucht, auch in schwierigen Zeiten dran zu bleiben und mit Bildungsinvestitionen und beruflichem Engagement ihre Existenz in der gesellschaftlichen Mitte abzusichern; dabei ist sie allerdings oft so gefordert, dass für den solidarischen Blick über den eigenen Tellerrand kaum Zeit und Energie bleiben.

Die sozialen Bruchkanten werden schärfer, die soziale Stufenleiter ist glitschiger geworden und der Absturz sei heute von überall aus möglich, sagt Heinz Bude (2008: 33), der zu den renommiertesten Persönlichkeiten im Bereich der neueren Ungleichheitsforschung zählt. Und die Armutsstatistiken geben ihm recht. Armut betrifft heute nicht mehr nur die umgangssprachlich als „tiefe Unterschicht" bezeichneten Bevölkerungsgruppen. Immer mehr Menschen, auch solche, die aus der Mittelschicht stammen, machen im Laufe ihrer Biographie zumindest zeitlich befristete Armutspassagen durch. Gründe dafür gibt es viele: Arbeitsplatzverlust, Alleinerziehendensituation, Burnout, schwere Krankheiten und vieles mehr. Angesichts dessen macht sich eine wachsende existenzielle Unsicherheit in der Bevölkerung breit. Immer mehr Menschen, die (noch) in gesicherten Mittelschichtlagen leben, fürchten den sozialen Abstieg auf Zeit – auch junge Menschen. Fragt man Jugendliche danach, sagen sieben von zehn, sie hätten den Eindruck, die Reichen würden immer reicher und die Armen immer ärmer. Und etwas mehr als die Hälfte meint, immer mehr Menschen würden in unserer Gesellschaft heute an den Rand gedrängt (Institut für Jugendkulturforschung 2012a: 37). Junge Menschen, die gerade noch oberhalb jener magischen Grenze der Respektabilität leben, die die so genannten Randständigen von den Etablierten trennt, haben den Traum vom großen sozialen Aufstieg bereits aufgegeben und denken sich: „Ich würde nicht gern reich sein. Und arm will ich auch nicht werden. Einfach die Mittelklasse erreichen, das wäre ideal: Damit ich alles habe, was ich brauche. Wenn ich zum Beispiel sage: Ich brauche einen neuen Fernseher, weil der alte kaputt ist, dass ich dann nicht nachdenken muss, ob dafür diesen Monat noch Geld übrig ist – das möchte ich erreichen."

Schätzungen sprechen davon, dass heute rund zehn Prozent der Jugendlichen am Rande der Gesellschaft leben und von Armut bzw. von sozialer Ausgrenzung betroffen sind. Gefährdet seien um die zwanzig Prozent, also jeder und jede Fünfte – das ist gar nicht so wenig. Ansonsten weiß man über diese jungen Menschen nicht allzu gut Bescheid: nur so viel, dass es zunehmend komplizierter wird, sie in die Mitte der Gesellschaft zurückzuführen, je weiter sie ins gesellschaftliche Off geraten und je länger sie dort verweilen. Wer das Glück hat, ein normales Leben in einer gesicherten Lage zu führen, hat kaum Kontakt zu diesen Jugendlichen. Meist sind es kleine Provokationen im Alltag, wie in der U-Bahn laut sein, sich im öffentlichen Raum als unberechenbar und „ausgetickt" inszenieren, auf den Boden spucken, Leute anpöbeln u. ä., die den Mitgliedern der Mehrheitsgesellschaft die Jugend am Rande der Gesellschaft ins Bewusstsein führen. So mancher fühlt sich belästigt, die meisten stecken ihre Irritation aber schnell weg. Es sei denn, dass sich diese Jugendlichen – wie im Fall der französischen Banlieues oder der britischen „August Riots" aus dem Jahr 2011 – mit Randale und explosiver Gewalt öffentliche Aufmerksamkeit verschaffen. Dann treten sie in das Blickfeld der Medienöffentlichkeit und erlangen als Nichtsnutze und Störenfriede unserer Gesellschaft traurige Berühmtheit. Frei nach dem Motto „Wir haben Probleme und deshalb machen wir auch Probleme" zeigen vor allem männliche Jugendliche aus benachteiligten Lagen gelegentlich erstaunlichen „Mut zu Unverschämtheit" (Savage zitiert in Liebsch 2012: 35). Aggressives Verhalten ist aber nur eine von mehreren Varianten, wie junge Menschen, die auf der Verliererseite stehen, auf ihre missliche Lage reagieren.

Vor allem jene, die ihr gegenwärtiges Leben als Beginn einer Abwärtsspirale sehen, deren Ende noch offen ist, entwickeln häufig eine verzweifelte Absturzexistenz und driften in Lethargie. Sie reduzieren ihre Aktivitäten und igeln sich in den eigenen vier Wänden ein. Statt Kontakte zur Außenwelt zu pflegen, sitzen sie zuhause und sehen stundenlang fern: oft acht oder neun Stunden täglich. Ohne Träume und Hoffnungen leben sie in den Tag hinein. Wie von einer großen Lähmung erfasst, haben sie scheinbar aufgehört, etwas zu wollen. Gängige 08/15-Motivationsprogramme ziehen an ihnen, ohne große Spuren zu hinterlassen, vorbei. Ihre Grundstimmung ist meist zu resignativ, um aus dem Loch, in das sie gefallen sind, mit eigenem Antrieb wieder herauszukommen. Neben diesem Typ gibt es aber auch noch einen anderen Typ: einen, der sich mit seiner Randständigkeit arrangiert und dabei eine seltsame Lebenszufriedenheit entwickelt (vgl. Großegger 2009: 125ff). Junge Menschen, die so „ticken", verharren meist bereits seit längerer Zeit in einer sozialen Randlage oder sind gar in eine randständige Familie hineingeboren. So wie Simon, der auf den ersten Blick wie ein völlig durchschnittlicher Sechsjähriger wirkt: ein Kind, das auf Cartoons steht, Pokémons sammelt und Naschereien dem gesunden Vollkornbrot deutlich vorzieht. Doch dann lernt man seine Lebenssituation näher kennen und vieles erscheint plötzlich in einem anderen Licht.

Simons Eltern, beide erst Mitte zwanzig, haben die Schule abgebrochen und nie einen richtigen Beruf erlernt. Ihre Berufsbiographie, sofern sich davon überhaupt sprechen lässt, stellt sich als lose Aneinanderreihung von Gelegenheitsjobs dar, es fehlen ausreichend Arbeitslosenversicherungszeiten, um Arbeitslosengeld zu beziehen. Ein geregeltes Berufsleben, und damit verbunden ein festes Einkommen, ist in der Welt, in der sie leben, ein Fremdwort geblieben. Und so bestreiten sie mit „Tupper Ware"-Partys und „illegalem Kraftfahrzeugfahren" einen Gutteil ihres Lebensunterhalts. Simons Eltern scheinen sich trotz ihres noch jungen Lebensalters mit ihrer Situation abgefunden zu haben. Auf den nicht-legalen Status seines Broterwerbs angesprochen, meint Simons Vater: „Wie es mir geht mit der Arbeit? Solange mich die Polizei nicht erwischt, gut. Es ist nicht fad – jeden Tag verschiedene Arbeit: Das ist das Beste. Du bist gespannt, was kommt. Das ist das Tolle daran." Lebensziele, die „Otto Normalverbraucher" anspornen, wie morgens aufzustehen, um zur Arbeit zu gehen, einen Job zu finden, in dem man sich mit all seinen Qualifikationen einbringen kann, oder das Geld, das man hat, einzuteilen und für später etwas zurückzulegen, sind beiden Eltern fremd. Sie führen ein Leben jenseits gesellschaftlich akzeptierter Standards, ohne sich deshalb aber allzu sehr zu bekümmern. Die Welt, in der der kleine Pokémon-Fan Simon aufwächst, ist eine Parallelwelt, die losgelöst ist von den Themen und Werten der Mehrheitsgesellschaft. „Ich stehe am Morgen auf: Ich gehe aus dem Bett und die Mama schläft noch. Und dann gehe ich ins Kinderzimmer und fernsehe ein bisschen. Dann gehe ich zurück und frage die Mama, ob ich mir schon etwas aus dem Kühlschrank holen darf. Ich hole mir was aus dem Kühlschrank und dann gehe ich fernsehen", erzählt Simon, wie für ein Kind am Rand der Gesellschaft ein normaler Wochentag beginnt. Jungen Menschen wie ihm ist der Weg zum Sozialamt vermutlich vertrauter, als Eltern zu haben, die morgens pünktlich aufstehen, um Frühstück zu machen und dann zur Arbeit zu gehen. Wenn Kinder, die in dieses Milieu hineingeboren sind, das Teenageralter erreichen, finden viele von ihnen nichts dabei, in illegale Zonen der Schattenwirtschaft auszuweichen, um den eigenen Lebensstandard zumindest ein wenig aufzubessern. Konkret heißt das dann: Sozialhilfe plus Einkünfte aus Schwarzarbeit oder auch Schwarzhandel. So mancher beweist beim Dealen von geschmuggelten Zigaretten oder Medikamenten, die bei den „Pillen-Junkies" am Drogenmarkt ihre Abnehmer finden, unternehmerisches Geschick und macht aus seinen „Zusatzeinkünften" auch gar kein großes Geheimnis.

Diejenigen, die für sich selbst kaum Möglichkeiten sehen, die Welt, in der sie derzeit leben, zu verlassen und zu einer soliden und gesellschaftlich akzeptierten Existenz zu finden, hören irgendwann einmal auf, ihr Dasein zu beschönigen. Sie mögen von einem besseren Leben träumen und wissen doch, dass sie dieses ohne großen Lottogewinn wohl kaum erreichen werden können. Bei Verena, zweiundzwanzig Jahre, ist das so etwa der Fall. Sie ist in einer Sozialhilfefamilie aufgewachsen, hat eine Lehre begonnen, diese aber schon nach kurzer Zeit wieder abgebrochen. Seither ist sie arbeitslos und lebt „auf Stütze". Von ihrem Freund hat sie sich getrennt, nachdem er sie krankenhausreif prügelte. Rückblickend findet sie das gar nicht so schlecht, denn, solange sie nicht wieder voll auf den Beinen ist, bekommt sie zusätzlich zur Sozialhilfe auch noch „Pflegegeld". Die Lebensmittel, die sie braucht, kauft sie im Sozialmarkt. „Mit dem Angebot kann man wirklich zufrieden sein", erzählt sie. Konkrete Lebensziele hat Verena kaum. Zur Formulierung von Lebenswünschen muss man sie geradezu drängen. „Dass ich einmal eine eigene Wohnung habe, das möchte ich schaffen", sagt sie. Und in dieser Wohnung will sie dann eine neue Badewanne haben, erzählt sie weiter: „Das ist das Wichtigste – eine Badewanne mit einem kleinen Whirlpool, die kaufe ich mir rein." Ihre Gedanken gleiten ab. Verena klinkt sich aus Machbarkeitüberlegungen abrupt aus und flüchtet in die Welt ihrer Träume.

# JUGEND UND POLITIK

*PROTEST ODER VERWEIGERUNG: DIE "KINDER DER KRISE" HABEN SICH NOCH NICHT WIRKLICH ENTSCHIEDEN*

„Die Politiker sagen: Wir werden gemeinsam die Zukunft meistern. Die Frage ist nur: Will das die Zukunft?" – diesen Spruch hat irgendjemand irgendwann auf eine WC-Tür eines Jugendzentrums gekritzelt. Eine Banalität und nicht der Erwähnung wert, so könnte man meinen. Doch Klosprüche haben bekanntlich oft etwas sehr Spezielles: Entweder sie rüsten für eine Weltmeisterschaft der Fäkalsprache oder aber sie geben Einblicke in die Weltsicht derer, die sie mit krakeliger Schrift auf Tür, Wand oder Fliesen hinterlassen haben. So ist es wohl auch hier. Jugend und Politik – das ist ganz offensichtlich kein einfaches Thema, und zwar weder für Jugendliche, noch für Politiker und Politikerinnen. „Was hat die Politik denn mit unserem Leben zu tun?", fragt sich die Jugend. Und die Politik tut sich schwer, eine passende Antwort zu finden.

Junge Menschen begegnen politischen Handlungsträgern und Handlungsträgerinnen mit Skepsis. Sie haben das Gefühl, dass die Politik Antworten auf die großen Fragen unserer Zeit schuldig bleibt und auf die Lösung der Probleme, die morgen auf uns zukommen werden, in keinster Weise vorbereitet ist. Sie verbinden mit Politik nicht etwa positive Begriffe wie „Sicherheit", „Vertrauen", „Sinn" oder „Selbstverwirklichung", sondern assoziieren Negatives: allem voran „Misstrauen", „Frustration", „Oberflächlichkeit", „Eigennutz" oder „Verpflichtungen". Und sie empfinden eine tiefe Kluft zwischen der politischen Klasse und ihrer eigenen Lebensrealität. „Alle Politiker wollen für sich das Beste und klügeln halt nicht wirklich aus, was sie raus bringen an Beschlüssen und Gesetzen", sagen Jugendliche. Der Eindruck, den die Spitzenpolitik bei ihnen hinterlässt, ist trist.

## „Wir haben Anführer satt, wir wollen einfach nur, dass die Dinge funktionieren"

Versucht man mit Jugendlichen zum Thema Politik ins Gespräch zu kommen, merkt man schnell, dass da „Kinder der Mediendemokratie" vor einem sitzen. Sie kennen die Namen, die die tagesaktuelle Berichterstattung beherrschen. Sie überfliegen die Schlagzeilen der Online-Nachrichtenportale und sind bei den Kurznachrichten im Fernsehen und Radio zumindest mit einem Ohr immer dabei. Oft war es das dann aber auch schon. Fragt man nach, warum dem so ist, fällt häufig ein kurzes Eigenschaftswort, das deutlich macht, wie sich Politik für sie anfühlt: nämlich fad. Politik zählt bei Jugendlichen heute zu den am wenigsten wichtigen Lebensbereichen. Das zeigen alle großen Jugendstudien, die während der letzten Jahre veröffentlicht wurden. Die breite Mehrheit meint darüber hinaus, sich in die Politik einzumischen, sei „out" (Schneekloth 2010: 142). Das war nicht immer so. Vor allem die späten 1960er und frühen 1970er Jahre sind als eine Ära des politischen Aufbruchs in die Geschichte eingegangen. Die gesellschaftlichen Verhältnisse gerieten in Bewegung und die Jugend war dabei die treibende Kraft. Unzufrieden mit den gesellschaftlichen Zuständen lehnten sich viele gegen das System auf: Man wetterte gegen das „Establishment", und linke und alternative Kreise, in denen sich die junge, kritische Bildungselite versammelte, erklärten die Lebensführung der Elterngeneration zum absoluten „No-Go". Rebellisches Aufbegehren war damals Programm. Es hieß: „Das Private ist politisch." Heute meinen viele junge Menschen hingegen: „Das Private ist, Gott sei Dank, privat." Sie sind zwar immer noch unzufrieden mit vielem, was Politik und Gesellschaft betrifft, sie zeigen aber kein großes Interesse daran, der Stachel im Fleisch des Systems zu sein. Revolte, so scheint es, ist einfach zu mühsam. Was bleibt, ist eine Sehnsucht nach politischer Veränderung, allerdings ohne allzu große Veränderungshoffnung.

Nun wäre es verfehlt, alle Jugendlichen über einen Kamm zu scheren. Die einen positionieren sich weltanschaulich eher links, die anderen eher rechts, wieder dritte tendieren zur Mitte, manche verstehen sich als „alternativ" und halten nicht viel von einer Zuordnung zu politischen Lagern, einige deklarieren sich politisch lieber gar nicht. Auch hinsichtlich des Interesses und politischen Wissens zeigen sich Unterschiede. In den jungen Bildungseliten trifft man auf politisch überdurchschnittlich interessierte und über das politische Weltgeschehen auch durchwegs gut informierte junge Leute. In den bildungsbenachteiligten Milieus gibt sich die Jugend hingegen vorzugsweise politikdistanziert und macht von ihrem demokratischen Recht, unpolitisch zu sein, Gebrauch. Und dazwischen liegt ein breit streuender politikskeptischer Mainstream: Das sind junge Menschen, die zwar, so wie es die Staatsbürgerpflicht vorsieht, zur Wahl gehen, die aber kein großes Geheimnis daraus machen, meistens das „kleinste Übel" zu wählen, und die sich ansonsten aus der Politik bestmöglich fernhalten. Kurz gesagt: Die Zugänge, die Jugendliche zu Politik finden, sind sehr verschieden. Und dennoch gibt es etwas, das die breite Mehrheit der Jugendlichen eint: nämlich ihr tief gestörtes Verhältnis zu den Trägern der politischen Macht. In den Endlosdebatten, die Berufspolitiker und Berufspolitikerinnen tagtäglich führen, finden sich Jugendliche selten wieder. Und eben deshalb denken sich viele: „Politik? Voll wurscht ist es mir nicht, aber da gibt es viel Aufstand um nichts." Politik wird wie ein Karussell, das sich ewig um die eigene Achse dreht, erlebt. Diejenigen, die mitfahren, scheinen so sehr mit sich selbst beschäftigt, dass der Souverän, das Volk, nicht mehr viel zählt und die Sorgen der Bürger und Bürgerinnen mehr und mehr aus dem Blickfeld geraten.

„Die Politik, das ist der äußere Kreis. Wir sind in der Mitte. Außen ist die Politik: Die rennt so rundherum", das Bild, das Jasmin, eine neunzehnjährige Bürokauffrau, bringt, ist unmissverständlich. Und auch die Botschaft, die sie an die politisch Verantwortlichen richtet, lässt wenig offen: „Ihr solltet nicht immer nur reden, sondern auch einmal handeln, und zwar so, dass uns das auch etwas nützt." Die Generation, der Jasmin angehört, hat den Glauben an die von alten Chefideologen verkündeten großen Wahrheiten längst verloren. Die politischen Utopien, die ihre Vorgängergenerationen beflügelten, hat sie an der Garderobe abgegeben. Sie sieht Jarvis Cocker, Frontmann der Britpop-Band *Pulp*, als Stimme ihrer Generation, wenn er meint: „Wir haben Anführer satt. Wir sind auch nicht mehr an Ideologien interessiert – wir wollen einfach nur, dass die Dinge um uns herum funktionieren, und zwar richtig" (*Musikexpress* 4/2011: 11).

Dass sich Jugendliche von der Politik einen Output bzw. konkrete und für sie persönlich wichtige Leistungen erwarten, ist klar. Und ebenso klar scheint zu sein, dass die Politik dem nicht entspricht. Dabei wären Jugendliche zumindest auf der sachpolitischen Ebene gar nicht so schwer zu erreichen. Fragt man nach ihren persönlich wichtigen politischen Themen, erhält man immer die gleichen Antworten: bessere Berufschancen, mehr und bessere Ausbildungsmöglichkeiten, ein Mindestmaß an wohlfahrtsstaatlichen Garantien bzw. existenzieller Sicherheit. Genannt werden aber auch grundsatzpolitische Forderungen wie die Sanktionierung unmoralischer Auswüchse der Wirtschaft, eine Regulierung der Finanzmärkte sowie Lösungen für die vielfältigen Fragen und Herausforderungen, die die Migrationsgesellschaft im Alltag mit sich bringt. Warum gerade diese Themen jungen Menschen heute so wichtig sind, ist im Grunde leicht erklärt. In die heutige Zeit hineingeboren zu sein und in ihr aufzuwachsen, bedeutet ein gemeinsames Schicksal zu haben und gemeinsame, prägende Erfahrungen in das weitere Leben mitzunehmen: beispielsweise die wirtschaftlichen Turbulenzen, die im frühen 21. Jahrhundert stabile Gewissheiten in der westlich-industriellen Welt ins Wanken brachten, wachsende Staatsverschuldung, die auf allen möglichen Ebenen – vom Bildungssystem bis zu wohlfahrtsstaatlichen Sozialtransfers – zu Einsparungen zwingt, aber auch globale Migrationsströme, die die angestammte soziale und kulturelle Ordnung durcheinander wirbeln und vor allem auf Menschen aus sozial schwächeren Milieus oft bedrohlich wirken. Die harten Fakten des gesellschaftlichen Wandels sind im Alltag der Jugendlichen als Hintergrundrauschen allgegenwärtig und sie beeinflussen nicht nur ihre Grundstimmung, sondern auch ihre Erwartungen an die Politik. Das heißt, Jugendliche sehen die Probleme und sie erwarten Lösungen. Da die Politik – zumindest ihrem Empfinden nach – diese jedoch nicht ausreichend bietet, bleibt ein bitterer Beigeschmack.

Angesichts dessen darf die wachsende Politikverdrossenheit nicht verwundern. Wie heißt es so schön: „Mache niemanden zur Priorität, der dich selbst nur als Option sieht."

## Alltag in der Zuschauerdemokratie

Desillusioniert und in ihrer Grundhaltung alles in allem irgendwie unbeteiligt verfolgen die „Kinder der Krise", was auf der Bühne der offiziellen Politik passiert. Auch wenn sie die Demokratie für die beste aller Staatsformen halten mögen, bleiben sie in ihrer Rolle als Demokraten und Demokratinnen großteils passiv. Dem politischen Geschehen begegnen sie aus einer Beobachterposition. Und damit reagieren sie letztendlich genau so, wie es dem politischen Establishment gefällt. In den Mediendemokratien des frühen 21. Jahrhunderts werden der Bürger und die Bürgerin nämlich mehr und mehr als Publikum erkannt. Statt die politische Debatte zu suchen, serviert man dem Volk smarte Auftritte. „When you're a charmer the world applauds" (*Musikexpress* 11/2012: 84) – ein Satz, der in die Welt gesetzt wurde, um die Eigenlogik massentauglicher Popmusik zu umreißen, lässt sich heute problemlos auch auf die Politik übertragen. Die Parteien setzen alles daran, dass ihr Kandidat bzw. ihre Kandidatin am Wahltag mit dem größten Applaus aus dem Rennen geht. Spin-Doktoren und PR-Strategen investieren in professionelles Marketing und pfeifen dabei immer öfter auf das bessere politische Argument. Ihnen geht es nicht darum, dass die Politik Positionen bezieht und diese auch weltanschaulich begründet. Sie haben andere Ziele: nämlich politische Persönlichkeiten mit Top-Imagewerten zu finden, die sich entlang jener Themen, die die Meinungsforschung als potentielle Erfolgsthemen empfiehlt, gut ins Licht rücken lassen.

Inszenierungserfolge, die man im politischen Tagesgeschäft einfährt, sind in der politischen Welt, von der hier die Rede ist, wichtiger als die inhaltliche politische Arbeit. Wahlkampf ist alles – so scheint es. Und zugleich verkommt der Wahlkampf mehr und mehr zum Spektakel. Die populären Fernsehduelle von Politikern und Politikerinnen zeugen davon. Sie dienen nur dem äußeren Anschein nach als Angebot zur politischen Meinungsbildung. In Wahrheit sind sie actiongeladene Gladiatorenkämpfe, denen das junge TV-Publikum meist wenig Informationswert, dafür aber großen Unterhaltungswert zuschreibt – frei nach dem Motto: Wenn sich die politischen Gegner gegenübersitzen und sich gegenseitig fertig machen, wenn beispielsweise ein Rechtspopulist auf eine linke oder grüne Politikerin losgeht, dann ist das „schon irgendwie lustig".

In Mediendemokratien, wie wir sie heute in der westlich-industriellen Welt beobachten, spielen politisch mündige Bürger und Bürgerinnen keine allzu große Rolle. Bei denen, die die Qualität der politischen Kultur maßgeblich prägen, sind sie auch nicht sehr gefragt. Kritisches Denken und allzu viel direkte Beteiligung würden die Planspiele der politischen Strategen und Strateginnen nur unnötig stören. Aus ihrer Sicht genügt es, wenn eine breite Mehrheit der Bevölkerung am Wahltag zur Urne schreitet, denn das System scheint damit immerhin legitimiert. Der Demokratietheoretiker Colin Crouch (2008) bezeichnet eine politische Kultur, die so funktioniert, als postdemokratisch. Postdemokratisch ist nicht gleichbedeutend mit undemokratisch, wie Crouch betont, doch dem Ideal einer lebendigen Demokratie entspricht es zweifelsohne nicht. Der deutsche Parteienforscher Franz Walter argumentiert ähnlich, wenn er den Trend zur Zuschauerdemokratie kritisiert, demzufolge junge wie auch ältere Menschen Politik immer öfter nicht mehr im politischen Handeln, sondern nur mehr vermittelt über das Fernsehen erfahren. Die Menschen zappen durch die Programme, „statt aus ihrem Sessel zu kommen und sich mit eigenem Elan einzumischen", sagt Walter (2009: 109). Dabei passiert häufig etwas Eigenartiges: Sie verwandeln sich von politisch mündigen Bürgern in unbeteiligte Beobachter oder gar gleich in nörgelnde Angebotskonsumenten. Wenn man sie auf ihre Haltung gegenüber der Politik anspricht, verwickeln sie sich schnell in Widersprüche. Dies gilt auch für Jugendliche.

„Mich nervt an der Politik, dass sie so starr ist und dass man eh nichts bewegen kann", sagen viele. Auf die Frage „Findest du Politik wichtig?", antworten sie höflich, wenn auch sozial erwünscht: „Natürlich". Fragt man weiter: „Das heißt, Politik ist für dich persönlich wichtig?", rücken sie dann mit der Wahrheit heraus und sagen: „Nein, für mich persönlich eigentlich nicht." Sie und Ihresgleichen sehen darin offenbar auch kein großes Problem. Wie eine Umfrage des Lifestyle-Magazins *Neon* ergab, sagen immerhin fünfundsiebzig Prozent der jungen Deutschen, dass es für sie keine Beleidigung sei, wenn man über sie sagt, dass sie unpolitisch sind (*Neon* 9/2013: 19). Kann man diese jungen Leute aus ihrer teils voyeuristisch-distanzierten, teils genervten Beobachterposition irgendwie herausholen und sie dafür gewinnen, sich stärker einzumischen? Und, wenn ja, wie? Liegt die Lösung möglicherweise in einer gezielten Förderung von Jugendbeteiligung? Die politisch korrekte Antwort lautet: „Ja." Die ehrliche Antwort hingegen: „Jein."

Seien wir ehrlich: Grundsätzlich wären junge Menschen gegenüber mehr Mitbestimmung durchaus aufgeschlossen. Die gängigen Beteiligungsangebote, die die Politik bereit hält, gehen an der Zielgruppe aber großteils vorbei, und zwar aus ganz unterschiedlichen Gründen. Etwa weil Parteien, in denen traditionellerweise und gleich einem ungeschriebenen Gesetz die alten Männer den Ton an- und die Richtung vorgeben, plötzlich eine Öffnung gegenüber den Jungen in Aussicht stellen und selbst der politisch unbedarfteste Jugendliche schnell begreift, dass es sich bei diesem Gerede weniger um ein Mitspracherecht für die Jungen, sondern vielmehr um eine medienwirksame Alibi-Aktion mit hohem PR-Nutzen für die politischen Amtsträger handelt. Oder weil Jugendliche zu ihrer politischen Meinung befragt werden, wo doch ohnehin jeder weiß, dass bei den Themen, zu denen sie befragt wurden, das letzte Wort auf hoher politischer Ebene bereits gesprochen ist. Aber auch, weil ehrlich gemeinte Beteiligungsinitiativen Fragen behandeln, die zwar für das gesamte Gemeinwesen wichtig sein mögen, für Jugendliche in der aktuellen Lebenssituation jedoch (noch) ohne große Bedeutung sind.

Wenngleich das Europäische Parlament in der *EU-Strategie für die Jugend* mit klaren Worten dazu auffordert, in den EU-Mitgliedsstaaten die Teilnahme junger Menschen an der Formulierung von Jugendpolitik zu intensivieren und dabei möglichst breite Schichten einzubinden (Commission of the European Communities 2009: 8), werden Beteiligungskonzepte allzu oft fernab des jugendlichen Alltags am Schreibtisch entwickelt und bedienen eher die Wünsche und Hoffnungen Erwachsener als die Bedürfnisse der Jugendlichen. Häufig sind sie auch so angelegt, dass nur diejenigen mitmachen können, die von sich aus bereits ein gewisses Maß an politischem Wissen und diskursiven Fähigkeiten mitbringen. Das heißt, junge Bildungseliten werden begünstigt, bildungsferne Jugendliche, die sich selbstbewusst als politisch desinteressiert deklarieren, bleiben hingegen außen vor. Abgesehen davon wird Jugendpartizipation in der offiziellen Lesart oft auch mit einer fragwürdig engen Zielperspektive verknüpft: So als ginge es lediglich darum, die Wahlbeteiligung junger Menschen zu erhöhen und ihre Bereitschaft, sich in den Strukturen der etablierten Politik zu engagieren, zu stärken. Um dieses Ziel zu erreichen, werden Projekte und Initiativen ins Leben gerufen, in denen Jugendliche mitdiskutieren und möglicherweise auch mitwirken dürfen – allerdings nur in dem von Erwachsenen vorgegebenen Rahmen. Für eine geballte Ladung Kritik an der politischen Kultur, die wir heute erleben, ist in den seltensten Fällen Platz. Politische Beteiligung verkommt, so gut sie gemeint sein mag, damit zum Sandkastenspiel. Kein Wunder, wenn junge Menschen, die dem Bild des kompromisslosen politischen Rebellen so gar nicht entsprechen, plötzlich aufstehen und sagen: „Es reicht, da mache ich nicht mit!", und, mit dem Rücken zur etablierten Politik, andere Wege der demokratischen Beteiligung suchen – frei nach dem Motto: „Power to the people."

## „Power to the people reloaded": Der neue Aufstand der Jungen

1971 stürmte John Lennon mit „Power to the people" die Charts. Heute hört man den Song bestenfalls noch auf Radiosendern, die sich den „Oldies" verschrieben haben und in Sachen Popkultur demnach nicht am Letztstand sind. Und Jugendlichen fällt zu Lennon oft nicht viel mehr ein als: „Das war doch einer von den vier Beatles." Als politischer Quergeist ist Lennon kaum mehr präsent. Doch seine Botschaft von 1971, „Power to the people", ist bei einer politisch enttäuschten und zugleich empörten Jugend plötzlich wieder aktuell. Vielerorts formiert sich ein neuer Protestgeist der Jungen zu zumeist friedlichen Protestaktionen. Junge Menschen gehen auf die Straße und stellen die etablierte Politik an den Pranger, weil diese vor den Problemen der Jugend die Augen verschließt, aber auch, weil sie, immer dann, wenn es ihr politisch nicht ins Konzept passt, den Mitbestimmungsansprüchen junger Menschen mit der Ignoranz der politischen Macht begegnet.

Den Weg in den Aufmerksamkeitshorizont der Öffentlichkeit schaffte dieser neue junge Protestgeist bereits in den späten Nullerjahren, als sich in Deutschland und vor allem auch in Österreich Studierende zu einer Protestbewegung formierten, um auf Missstände in der Hochschulpolitik und im Bildungssystem aufmerksam zu machen. Sie forderten, dass universitäre Bildung nicht vorrangig den Kriterien der ökonomischen Verwertbarkeit folgen sollte, dass man gegen eine Verschulung der Lehrpläne in der akademischen Bildung angehen müsse, dass die Universitäten vom Staat und nicht von Sponsoren aus der Wirtschaft finanziert werden sollten, aber auch dass mehr Lehrveranstaltungen angeboten werden sollten und eine bessere Betreuung der Studierenden durch die Lehrenden gewährleistet werden müsse. Im Wesentlichen ging es also um bessere Studienbedingungen und mehr Mitspracherecht für Studierende. Um dies zu erreichen, besetzten die Studierenden Hörsäle und campierten dort zum Teil wochenlang. Sie richteten – beispielsweise beim Audimax der Universität Wien – Suppenküchen ein, um sich und Ihresgleichen wie auch Obdachlose, die in den Uni-Räumlichkeiten Schutz vor der Witterung suchten, zu verköstigen, verrichteten in den WC-Anlagen den Abwasch und hofften zugleich, dass sich die Politik der Anliegen, auf die sie mit ihren Protesten aufmerksam machen wollten, annehmen würde. Nun mag man meinen, derartige Studierendenproteste hat es auch früher schon gegeben. Und doch sind die Uni-Proteste 2009 mit allem zuvor Dagewesenen kaum vergleichbar, denn was hier abging, war nicht eine Initiative der Studierendenorganisationen. Im Gegenteil, es waren primär informelle Gruppen, die diesen Protesten ein Gesicht gaben. Die Hochschulpolitik, die es bislang gewohnt war, mit gewählten Vertretern und Vertreterinnen der Studierenden zu verhandeln (und zwar nur mit diesen), stand vor einer völlig neuen Situation, auf die sie nicht so recht vorbereitet war – ein gewaltiges Aha-Moment für die Träger der etablierten politischen Strukturen. Rückblickend wirkt der Aufstand der studentischen Jugend wie ein Auftakt. Wenig später gingen die Proteste gegen „Stuttgart 21" durch die Medien. Einmal mehr machten Menschen wie du und ich ihrer politischen Empörung Luft. Anlass war ein Verkehrs- und Städtebauprojekt rund um den Stuttgarter Hauptbahnhof, das von der Politik über die Köpfe der Bürger und Bürgerinnen hinweg beschlossen worden war. Zehntausende gingen dagegen auf die Straßen. Diesmal waren Jung und Alt bunt gemischt. Die Medien kreierten ein neues Wort, um das, was hier abging, begrifflich zu fassen. Sie sprachen von „Wutbürgern". Das war 2010. Dann kam das Protestjahr 2011 und plötzlich schien es so, als würden junge Menschen rund um den Erball aufstehen, um „denen da oben" zu zeigen, dass sie mit der Politik unzufrieden waren und es ihnen reichte.

In Spanien waren die enorm hohe Jugendarbeitslosigkeit, überteuerte Wohnungsmieten und eine unfähige und korrupte Politik Grund für den Aufstand der Jungen. Die ARD berichtete über die „Indignados" (Empörten): „Die Demonstranten sind keine Systemoppositionellen, die Demokratie und Marktwirtschaft abschaffen wollten. Aber sie verlangen ihr Mitspracherecht – und das vehement" (kultur.ARD.de vom 12.10.2011). Und die Protestbewegung positionierte sich indessen mit dem Statement: „Wir sind nicht gegen das System, das System ist gegen uns." Auch in Israel probte die Jugend 2011 den Aufstand: Sie campierte am Rothschild-Boulevard in Tel Aviv, um gegen die für junge Menschen untragbar hohen Lebenshaltungskosten und für mehr soziale Gerechtigkeit zu protestieren. In Senegal verhinderte die Jugendbewegung „Ich hab's satt" („Y'en a marre") eine Verfassungsänderung, die dem greisen Präsidenten Wade eine weitere Amtsperiode ermöglicht hätte (kultur.ARD.de vom 12.10.2011). In Chile gingen Studierende aus Protest gegen ein ungerechtes Bildungssystem, das die Oberschicht privilegiert und junge Menschen aus der Mittel- und Unterschicht dazu zwingt, zehntausende Dollar Schulden zu machen, um sich ein Studium leisten zu können, auf die Straßen und forderten gebührenfreien Zugang zu Bildung. In Deutschland schrieb Wolfgang Gründinger, Jahrgang 1984 und Verfasser des Buches *Aufstand der Jungen* sowie Sprecher der Stiftung für die Rechte zukünftiger Generationen, in der *Zeit Online*: „Wenn man jung ist, hat, man noch Träume. Doch die Träume zerschellen, wenn die Türen verschlossen bleiben und nicht einmal ein Uni-Abschluss reicht, um einen Job zu finden, wie es früher als normal galt." (*Zeit Online* vom 22.8.2011) Und international mobilisierte die Occupy-Bewegung die Wut über die Verfehlungen des Finanzsystems und die Ohnmachtshaltung der Politik gegenüber den Finanzmärkten. 2011 hieß es also plötzlich wieder „Power to the people", vier Jahrzehnte nach Lennons Charts-Erfolg.

Die Politik wie auch die Politikforschung verfolgten das bunte Treiben der neuen Protestbewegungen aufmerksam. Kein Wunder, denn in diesen Protesten kündigte sich ein Wandel des politischen Denkens und Handelns der Jugend an, auf den die etablierte Politik möglichst rasch reagieren muss, wenn sie den Draht zu den jungen Bürgern und Bürgerinnen nicht völlig verlieren will. Politisches Engagement passiert hier sehr spontan. Als „Kinder des digitalen Zeitalters" sind die jungen Helden und Heldinnen dieser Protestbewegungen Profis in technologiegestützter Ad-hoc-Mobilisierung. Sie koordinieren sich und Ihresgleichen über Facebook, Twitter und SMS und mobilisieren auch mit Mund-zu-Mund-Propaganda im persönlichen Umfeld. Diejenigen, die mitmachen, finden sich entlang von Themen ihres konkreten alltäglichen Lebens. Die Strukturen, in denen der Protest stattfindet, bleiben informell, der Organisationsgrad der Bewegungen ist durchwegs gering. Wo das Zentrum der Protestbewegung liegt und was Peripherie ist, lässt sich zumindest vom Standpunkt der außenstehenden Beobachterin nicht immer sagen.

Diese neuen Protestbewegungen wirken wie ein großer Kaugummi, der sich in allerlei Richtungen ziehen und zumindest für kurze Zeit zu einer eindrucksvollen Blase aufblähen lässt. Anders als bei der politisch aufmüpfigen Jugend von einst geht es der Protestjugend von heute nicht darum, sich an Gegenkonzepten abzuarbeiten oder gar Lösungen für die Probleme, aufgrund derer sie protestieren, anzubieten. Im Vergleich zu den rebellischen 68ern und Nach-68ern scheinen die neuen Protestbewegungen eher utopielos, um nicht zu sagen anti-visionär. Sie formieren sich großteils aus einem bunten Sammelsurium konkreter Kritikpunkte, die, wie es scheint, oft in einer postmodernen Logik des Sowohl-als-auch ohne große Reibungsverluste nebeneinanderstehen. Ein in sich geschlossenes politisches Programm sucht man vergebens. Und auch ein ideologisch durchdachter politischer Forderungskatalog fehlt in aller Regel. Die jungen Aktivisten und Aktivistinnen zielen auch auf etwas anderes: nämlich darauf, auf Missstände aufmerksam zu machen – und zwar so, dass niemand, der die öffentliche

Debatte verfolgt, es überhören kann –, um die Politik sodann in die Pflicht zu rufen. Das mag auf den ersten Blick nicht viel sein. Doch das Match um Glaubwürdigkeit und Lebensnähe haben die jungen „Wutbürger" auf jeden Fall schon einmal gewonnen. Die politische Anklage, die die protestbereite Jugend führt, akzentuiert die Betroffenenperspektive. Sie zeigt nicht nur, wie sich Politik für den Alltagsmenschen anfühlt, sondern auch, was politische Handlungsunfähigkeit für uns alle bedeutet. Das macht diese Jugendlichen zu Sympathieträgern: auch bei jenen, die selbst niemals auf die Straßen gehen würden. Und die etablierte Politik kommt unter Zugzwang.

Die neuen Protestbewegungen haben freilich nur für einen Teil der heutigen Jugend Bedeutung. International gesehen, sind die neuen Protestbewegungen ein eher bildungsnahes Phänomen. Und auch in Deutschland und Österreich entstammt die protestbewegungsorientierte Jugend großteils den Bildungsschichten. Manche von ihnen tragen Nerd-Brillen und sehen aus, als würden sie den ganzen Tag *Tocotronic* hören, andere wiederum haben Dreadlocks und fühlen sich eher in der Lifestyle-Welt des „Conscious Reggae" zuhause. Viele wirken auch ganz durchschnittlich, um nicht zu sagen unauffällig. Was sie eint, ist eine linksliberale Grundhaltung und das Gefühl, von der Politik mit den eigenen Anliegen nicht angemessen vertreten zu sein. Im Vergleich zum politischen Establishment ist der Anteil junger Frauen, die sich hier zugehörig fühlen und mitmachen, erstaunlich hoch. Protestbewegungsorientierte Jugendliche zeigen eine ausgeprägte individualistische Orientierung und verfolgen durchwegs ein auf Selbstverwirklichung gerichtetes Lebenskonzept. Vorgegebene Regeln und Konventionen der etablierten Ordnung werden von ihnen nicht so ohne Weiteres akzeptiert. Ihr Gesellschaftsbild ist grundsätzlich egalitär, akzentuiert dabei aber immer auch die eigenen Chancen. In Sachen Lifestyle sind sie um Abgrenzung gegenüber der so genannten „unkritischen Masse" bemüht. Sie sind kommunikative junge Leute, die viel unterwegs sind und nicht gerne zuhause bleiben. Mit ihren Freunden und Freundinnen treffen sie sich in netten, kleinen Szene-Lokalen. Sie meiden schrille Cocktail-Bars, in denen die Schickeria verkehrt. Wenn sie Radio hören, dann sind es coole Jugendkultursender und nicht plattes Formatradio. Und wenn sie sich stylen, dann nur ja bitte anders, als es die kommerzielle Massenkultur empfiehlt. Viele sagen: Teure Markenklamotten zu tragen oder gar damit zu protzen, „geht gar nicht". Konsumkritik ist für sie Thema, allerdings nicht zu pauschal. Als „Kinder der Konsumgesellschaft" haben diese Jugendlichen gelernt, zwischen gutem und bösem Konsum klar zu trennen: Für „Fair Trade"-Produkte einige Cent mehr als für die Eigenmarke des Discounters auszugeben, ist gut. T-Shirts, die in Kinderarbeit produziert wurden, zu tragen, ist hingegen böse. Diese jungen Menschen nutzen ihr persönliches Konsumverhalten als politisches Statement. Und, wenn es sich thematisch anbietet, gehen sie eben auch auf die Straße oder campieren an öffentlichen Orten, um Anliegen, die auf der Bühne der offiziellen Politik kein Gehör finden, zumindest in die tagespolitische Berichterstattung einzuschleusen. So sieht in den Bildungseliten heute also der neue Aufstand der Jungen aus.

Lichtjahre davon entfernt formiert sich junger Unmut über die Politik aber auch auf der anderen Seite der sozialen Hierarchie: bei bildungsfernen und mittellosen Jugendlichen, die in den urbanen Ghettos am Rande der Gesellschaft leben und für sich wenig Chancen auf ein gutes Leben sehen. Die wiederkehrende Randale in den französischen Banlieues oder die britischen „August Riots 2011", die ausgehend vom Londoner

Armenviertel Tottenham ganz Großbritannien in Schrecken versetzten, zeigten, was passiert, wenn sich die Wut einer sozial und politisch vernachlässigten Ghetto-Jugend aufstaut und in Gewaltexzesse und Krawalle, Plünderungen und Brandschatzungen mündet. Die „Rioters", so die Bezeichnung für die an den Gewalttaten beteiligten Jugendlichen, verfolgten kein höheres politisches Ziel und sie hatten auch keine konkreten politischen Forderungen. Ihnen ging es schlicht und einfach darum, Krawall zu schlagen und zerstörerisch zu sein. Damit schaffte es die randständige Jugend, die von Seiten der Gesellschaft weder auf große Sympathien noch auf allzu viel Unterstützung hoffen kann, quasi über Nacht in den Aufmerksamkeitshorizont der Öffentlichkeit zu gelangen. Was hier passierte, ist auch in anderen Metropolen möglich. Ohne Zweifel bergen die sozialen Ghettos der europäischen Großstädte enormen sozialen Sprengstoff. Die Politik weiß das wohl. Konzepte, die die sozial abgehängte Jugend nachhaltig besänftigen könnten, und zwar, indem sie ihr Zukunftsperspektiven geben, fehlen dennoch. Politik und Gesellschaft wirken in dieser Frage geradezu hilflos. Was bleibt, ist die Gefahr der spontanen Gewalteskalation.

## Verhasste Nachbarn und die neue Philosophie des „Coexist"

Und was machen diejenigen, die nicht den Aufstand proben? Sie ziehen sich zurück, halten sich heraus und suchen ihr Glück in der kleinen Welt des Privaten. Die kleine Welt des Privaten folgt ihrer eigenen Logik. Sie unterteilt die soziale Wirklichkeit in eine Vielzahl von Gruppen und Grüppchen und versammelt Menschen, die ähnlich denken und leben, oder, um es im Jargon der Jugend zu sagen, die „ähnlich drauf sind", zu Gemeinschaften. Ins Lebenspraktische gewendet, heißt das: Man bleibt unter sich.

Die Wahrscheinlichkeit, dass sich die Wege linksalternativer Jugendlicher, die gerne, viel und vor allem auch in politisch korrekter Sprache über Gott und die Welt philosophieren, mit denen der sozial benachteiligten Milieus, die sich mit subversivem Stolz als „Prolos" bezeichnen und, anstatt „blöd herumzudiskutieren", lieber in Großraumdiscos richtig Party machen, kreuzen, ist tatsächlich äußerst gering. Ebenso unwahrscheinlich ist es, dass Jugendliche aus wenig gottgläubigen, individualistisch-urbanen Milieus und traditionell-religiöse junge Muslime und Musliminnen dicke Freunde werden. Und auch, dass Arm und Reich in der informellen Welt des Privaten zueinander finden, ist nur selten der Fall. Die Freundeskreise, in denen sich die Jugendlichen bewegen, präsentieren sich weitgehend kaufkrafthomogen (vgl. Leven u. a. 2010: 85). Das heißt, Jugendliche umgeben sich vorzugsweise mit Gleichaltrigen, die aus Familien stammen, die finanziell ähnlich situiert sind wie die eigene Familie. Dass der Eine oder die Andere etwas weniger Geld zur freien Verfügung hat als der Rest der Clique, gilt zwar als normal, sich vorrangig mit Freunden und Freundinnen zu umgeben, die ärmer sind als man selbst, ist hingegen völlig untypisch.

Mit anderen Worten: Die kleine Welt des Privaten ist gut sortiert und in kultureller wie auch sozio-ökonomischer Hinsicht verblüffend homogen. Sofern sich Konflikte nicht gerade aufdrängen, gilt in der Gesellschaft der Altersgleichen „Leben und leben lassen!" als Regel. Vom großen Miteinander im Sinne einer soziale und kulturelle Grenzen sprengenden Begegnung träumt kaum jemand. Friede-Freude-Eierkuchen-Mentalität finden die meisten hippiemäßig und völlig unzeitgemäß. Im Denken der Jugendlichen regiert eher die Nüchternheit. Viele halten es mit der britischen Indie-Band *The XX* und sagen sich: „Together ist ein schönes Wort, aber etwas zu süßlich. Coexist

ist barscher – und ehrlicher" (*Rolling Stone* 8/2012: 42). Was sagt das nun aber über diese Jugend aus? Ist sie tolerant oder vielmehr das Gegenteil? Und: Was verstehen Jugendliche eigentlich überhaupt unter Toleranz?

Die Jugendwerteforschung liefert interessante Antworten. Sie zeigt, dass die Art und Weise, wie Jugendliche Toleranz verstehen, in gewisser Weise eine „gleichgültige Toleranz" ist. Vielleicht sollte man auch eher von „wohlwollender Ignoranz" sprechen. Redet man mit Teenagern darüber, was sie mit dem Begriff „Toleranz" verbinden, kommen Statements wie: „Toleranz ist, wenn man vieles akzeptiert." „Wenn man auch die Meinung anderer akzeptiert und sie so denken lässt, wie sie denken wollen." Oder: „Wenn man den Menschen so akzeptiert, wie er ist, und nicht versucht, ihn anders zu machen." Als Grundsatz gilt: „Fremde Personen kann man schon tolerieren. Ich finde, es kann dir ja scheißegal sein, was die machen" – zumindest dann, wenn der persönliche Lebensvollzug dadurch nicht gestört ist, die eigenen Werte durch andere Meinungen oder Lebensweisen nicht zu sehr in Frage gestellt werden und man in seinen eigenen Handlungsmöglichkeiten durch andere auch nicht eingeschränkt ist. Will man mehr über den Toleranzbegriff der heutigen Jugend erfahren, macht es Sinn, junge Menschen danach zu fragen, welche Bevölkerungsgruppen sie selbst nicht gern zum Nachbarn hätten. Dann wird nämlich schnell klar, wo sie mit ihrer Lebensregel an Grenzen stoßen.

Politische Extremisten (vor allem Rechtsextreme, in etwas geringerem Maße aber auch Linksextreme), Drogenabhängige, Alkoholiker, Menschen, die eine Vorstrafe haben, denen also das Etikett „kriminell" anhaftet, aber auch psychisch Kranke sind, wie die Jugendforschung zeigt, als Nachbarn am unbeliebtesten.

Gering sind die Vorbehalte hingegen gegenüber Nachbarn mit anderer Hautfarbe, alten Leuten, Juden, Gastarbeitern, Arbeitslosen, aber auch Homosexuellen und Menschen mit HIV (Institut für Jugendkulturforschung 2012a: 39). Bemerkenswert ist, dass sich die Grundhaltung der Jugend gegenüber Homosexuellen und HIV-Infizierten seit den 1990er Jahren deutlich geändert hat: Sie ist deutlich toleranter geworden, was sich vermutlich aus dem Wandel des öffentlichen Meinungsklimas erklärt. Zu Beginn der 1990er galt AIDS noch als „Schwulenpest". Heute blickt man auf die Entwicklungsländer, insbesondere auf den afrikanischen Kontinent, und ist sich einig, dass HIV nicht als „schwules Problem" abgetan werden kann. Der Wiener „Life Ball", die in Europa größte Benefizveranstaltung für HIV-infizierte und AIDS-kranke Menschen, ist zu einer Institution geworden. Jahr für Jahr geben sich bei diesem glamourösen Event zahlreiche Promis aus aller Welt die Ehre. Im popkulturellen Mainstream gilt heute „Never Hide" – so macht es zumindest eine im Rahmen des „Musikexpress Style Award 2012" als „Best Ad" prämierte Anzeigenwerbung der Trend-Brillenmarke „Ray-Ban" glauben (*Musikexpress* 11/2012: 63): Das Sujet zeigt in biederer Ästhetik der frühen 1960er ein schwules Pärchen händchenhaltend auf dem Weg zur Arbeit, der eine könnte ein Bankangestellter sein und der andere in einer Anwaltskanzlei arbeiten – zwei völlig solide Existenzen, nur eben nicht hetero, sondern schwul. Auch fernab werberischer Inszenierungen werden eingetragene Partnerschaften homosexueller Paare mehr und mehr zur Normalität. Die Öffentlichkeit diskutiert über ein Adoptivrecht für „Regenbogenfamilien". Und das Toleranzprofil der Jugend zieht offenbar mit.

Dennoch wäre es verfehlt, von einer generell toleranter werdenden Jugend zu sprechen. So wie die Toleranz in ausgewählten

Bereichen wächst, so bricht sie nämlich in anderen Bereichen ein. Das betrifft beispielsweise psychisch Kranke, die als die neuen Randständigen der modernen Leistungs- und Erfolgsgesellschaft gesehen werden und mit denen man lieber nicht viel zu tun haben will. In Zeiten, in denen die Gesundheitspolitik eine stetige Zunahme psychischer Erkrankungen vermeldet, ist dies durchaus ein wenig verblüffend und lässt entweder auf mangelnde Sensibilität der Jugend für ein wachsendes gesellschaftliches Problem oder – was plausibler scheint – auf eine Abwehrreaktion schließen. Zudem lässt sich bei Jugendlichen eine leicht wachsende Distanz gegenüber muslimischen Mitbürgern und Mitbürgerinnen sowie kinderreichen Familien beobachten. So wie psychisch kranke Menschen entsprechen sie nicht den Standards, die in unserer Gesellschaft als normal und wünschenswert gelten. Und einmal mehr zieht die Jugend einstellungsmäßig mit. Wobei auch hier gilt: Man sollte Jugendliche nicht über einen Kamm scheren. Junge Bildungseliten zeigen in einzelnen Punkten nämlich ein völlig anderes Toleranzprofil als jene, die nicht „Kinder der Bildungsschichten" sind. Typisch für bildungsnahe Jugendliche ist so etwa, dass sie sich gegenüber Menschen, die in rechten Ideologien eine Heimat gefunden haben, sehr deutlich abgrenzen. Jugendliche mit niedriger oder auch mittlerer formaler Bildung tendieren hingegen zu einer vergleichsweise stärkeren Abgrenzung gegenüber Bevölkerungsgruppen, die in der öffentlichen Debatte als „Randgruppe" oder zumindest als „Sondergruppe" gesehen werden. Das betrifft neben kinderreichen Familien eben vor allem Muslime, aber auch Roma und Sinti, Juden, Menschen anderer Haufarbe sowie Aids-Kranke, Arbeitslose und Schwule.

Auf die Frage „Wie tolerant ist die heutige Jugend eigentlich?" gibt es also keine eindeutige Antwort. Einerseits zeigt sich,

dass viele mit einem unbeteiligten Nebeneinander gut umge-
hen können, sofern ihre Lebenschancen dadurch nicht eingeschränkt sind. In Bezug auf einige Thematiken lässt sich – vor
allem in sozial privilegierten Jugendmilieus – eine Liberalisie-
rung und, damit verbunden, eine wachsende Toleranz gegenüber vormals stärker diskriminierten gesellschaftlichen Gruppen beobachten. Andererseits sind über die Jahre aber auch
neue Feindbilder entstanden, die in benachteiligten Milieus, bei
einem Teil jener Jugendlichen, die sich selbst als die „Geprell-
ten" (Vester u. a. 2001: 41) unserer Gesellschaft sehen, Stoff für
ein „Wir gegen die anderen" liefern. Und vor allem diejenigen,
die sich auf der gesellschaftlichen Verliererseite sehen, orientieren sich oft besonders stark am gesellschaftlich Geachteten und
gehen zu denen, die, wie sie glauben, zu den gesellschaftlich
„Geächteten" zählen, klar auf Distanz.

## Chancengleichheit und Gerechtigkeit: Die soziale Frage wird wieder wichtiger

Vor gar nicht allzu langer Zeit hieß es, die soziale Frage sei nun
endgültig aus der Mode gekommen. Wenn überhaupt würden
sich nur mehr ein paar unverbesserliche „Altlinke" dafür interessieren. Heute steht unsere Gesellschaft an einem Punkt, an
dem sozialpolitische Ideen, die auf die Alltagssorgen der Menschen reagieren und das soziale Miteinander in stabile Bahnen
lenken, plötzlich wieder wirklich gefragt wären – auch bei
jungen Menschen. Doch der Dialog zwischen der etablierten
Politik und der Jugend will gerade hier nicht so richtig klappen.
Fragt sich: Warum? Die Antwort ist einfach: Den Politikern und
Politikerinnen gelingt es nicht, ihre programmatischen Ziele
mit den Alltagserfahrungen der heutigen Jugend zu verknüp-
fen. Abgesehen davon argumentieren sie in einem Jargon, der

an alte ideologische Traditionen anknüpft, für eine Jugendgeneration, die sowohl Traditionen als auch politische Ideologien hinter sich gelassen hat, aber wenig greifbar ist. Diskutiert man mit Jugendlichen beispielsweise über Verteilungsgerechtigkeit und fragt man sie, ob ärmere Menschen vom Staat so viel Geld bekommen sollten, dass ihr Lebensunterhalt gesichert ist, oder ob das Geld von den Reichen zu den Armen umverteilt werden sollte, reagieren die meisten nicht grundsätzlich ablehnend. Viele empfinden diese Fragen aber zu abstrakt, als dass sie sie mit dem realen Leben gut in Verbindung bringen könnten.

Allgemeine, grundsatzpolitische Überlegungen zu einer sozial gerechten Gesellschaft findet man bei Jugendlichen prinzipiell selten. Wenn, dann leisten sich Kinder aus privilegierten Milieus den Luxus, über so etwas nachzudenken. Sie arbeiten sich dabei allerdings nicht an den Kategorien der klassischen Verteilungsdebatte entlang. Das heißt, sie fordern nicht primär einen sozialen Ausgleich zwischen Arm und Reich und problematisieren soziale Ungleichheit nicht aus einer klassen- bzw. schichtspezifischen Perspektive als Kluft zwischen jenen, die auf der sozialen Stufenleiter ganz oben stehen, und denen, die in der sozialen Hierarchie ganz unten sind. Sie nehmen vielmehr die so genannten neuen Formen sozialer Ungleichheit ins Visier, also beispielsweise die Benachteiligung von gesellschaftlichen Minderheiten, von Zuwanderern und – insbesondere, wenn es um Chancen am Arbeitsmarkt geht – auch die von Frauen (Institut für Jugendkulturforschung 2011a: 4). Ideologisch gefestigte Positionen bleiben auch sie großteils schuldig. Und anstatt für eine sozial gerechte Gesellschaft auf die Barrikaden zu gehen, setzen sie lieber auf individualisiertes Engagement und begeistern sich für coole, neue bzw. neu aufgelegte Varianten der Wohltätigkeit, beispielsweise „hängende Kaffees".

Das Prinzip der „hängenden Kaffees" ist einfach und lässt sich an einem „Coffee-to-go" vielleicht am besten erklären: Jemand, der Lust auf Kaffee und Mitgefühl mit mittellosen Menschen hat, bestellt sich drei Kaffees – einen zum Mitnehmen und zwei „hängend". Er bezahlt also dreimal Kaffee, trinkt jedoch nur einen und geht. Die Kellnerin schreibt „zweimal Kaffee hängend" auf die Rechnung und klebt diese gut sichtbar auf eine Fensterscheibe oder schreibt sie auf eine Tafel. Mittellose, die beim Lokal vorbeikommen, können dann einfach hineingehen und den bereits bezahlten „hängenden Kaffee" konsumieren. Die Tradition der „hängenden Kaffees" stammt aus dem Neapel der 1950er Jahre. Dort war es zur damaligen Zeit üblich, dass Café-Besucher, die es sich leisten konnten, nicht nur den einen Kaffee, den sie selbst konsumierten, bezahlten, sondern ab und zu auch Kaffees für Menschen in Not „anzahlten". Heute boomen „hängende Kaffees" vor allem in Bulgarien, dem ärmsten Land in der EU: In zahlreichen Geschäften und Lokalen kleben Sticker der „hängenden Kaffees". Auf diese Art und Weise wird alles Mögliche an arme Menschen verschenkt: Frisuren, Essen und Getränke, aber auch Plomben beim Zahnarzt (vgl. Delcheva 2013). Hierzulande stößt das Konzept vor allem bei jungen Bildungseliten, die in der „sozialen Frage" die Flexibilität des lifestyletauglichen kleinen politischen Statements weit mehr schätzen als weltanschauliche Verankerung und Parteigängertum, auf Interesse. In weniger privilegierten Milieus suchen und finden Jugendliche den Zugang zur „sozialen Frage" anders. Sie philosophieren nicht über schräge Konzepte und individualisiertes Engagement, sondern rücken ihre persönliche Lebenssituation und damit letztlich auch persönliche Bedarfslagen in den Mittelpunkt. Und dabei geht es ihnen immer auch um die Frage: „Was bringt eine Politik, die sich Gerechtigkeit auf die Fahnen schreibt, mir und meinem persönlichen Umfeld ganz konkret?"

Was sich unabhängig vom sozialen Standort, an dem die Jugendlichen stehen, zeigt, ist, dass soziale Gerechtigkeit weitgehend mit Chancengerechtigkeit gleichgesetzt wird. Und wenn Jugendliche fordern, dass in unserer Gesellschaft *alle* die Chance haben sollten, auf der sozialen Stufenleiter empor zu steigen, und alle – vor allem auch junge Menschen – die Möglichkeit haben sollten, einen guten Job zu finden, gilt das natürlich auch für sie selbst. Sie denken sich: „Gerecht ist, dass *ich* die Möglichkeit bekomme, aus *meinem* Leben etwas zu machen." Folgt man diesem Verständnis, wäre es Aufgabe der Politik, Rahmenbedingungen zu schaffen, damit dies gelingen kann. Aufgabe jedes und jeder Einzelnen wäre hingegen, die Chancen, die sich bieten, auch tatsächlich zu nutzen. Das ist im Grunde genau das, was man heute unter dem Titel „aktivierende Politik" diskutiert.

„Aktivierende Politik" heißt, dass sich der Staat in seiner Versorgerrolle zurücknimmt. Damit will man die explosiv steigenden Kosten für Sozialtransfers in den Griff bekommen und die Sozialbudgets entlasten. Nur im echten Bedarfsfall sollen die wichtigsten Grundbedürfnisse wohlfahrtsstaatlich gedeckt werden, so wird von den Befürwortern und Befürworterinnen einer „aktivierenden Politik" argumentiert. Ansonsten sollen die Menschen stärker dazu angehalten sein, ihr Leben selbst in die Hand zu nehmen. Der Weg zu einer sozial gerechten Gesellschaft wird hier also in einem Kompromiss zwischen bedarfsorientierter Unterstützung und dem Prinzip „Leistungsgerechtigkeit" gesehen. Für jede und jeden Einzelnen bedeutet das, der Solidargemeinschaft nicht unnötig auf der Tasche zu liegen, sondern sich anzustrengen, individuelle Möglichkeiten zu nutzen und mit hohem Einsatz Hürden, die sich im Leben stellen, zu überwinden. Wer nichts aus seinem Leben macht, ist – dieser Denke zufolge – einfach zu faul oder es fehlt ihm an Willenskraft. Und wer es nicht schafft und in finanzielle Not gerät, hat sich einfach zu wenig bemüht. Wie sagt man so schön: „Jeder ist seines eigenen Glückes Schmied."

Große Teile der Jugend arrangieren sich mit diesem Konzept. Der Slogan „You can get it if you really want" hat sich in ihren Köpfen eingenistet und es ist verblüffend, wie unhinterfragt er hier wirkt. Soziale Barrieren und gläserne Decken, die in unsere Gesellschaft eingezogen sind und nach wie vor die soziale Mobilität blockieren, werden nicht gesehen, individuelle Schicksalsschläge, wie schwere Erkrankungen oder unverschuldeter Verlust des Arbeitsplatzes, die zumindest auf Zeit zu sozialer Bedürftigkeit führen können, zählen nicht. Vor allem jene, die selbst noch nie in der Situation waren, den Beweis antreten zu müssen, dass das Schmieden des eigenen Glückes funktioniert, tendieren dazu, die Gestaltungsmacht des Einzelnen zu überschätzen. Sie glauben an den „Mythos der Selbststeuerung und Selbstorganisation" (Stauber 2012: 56), der besagt, dass alle, die sich ausreichend anstrengen und bereit sind, Zeit und Energie in Bildung und den Erwerb sonstiger relevanter Kompetenzen zu investieren, erfolgreich durchstarten können. Wie sich zeigt, hat dies nicht immer erfreuliche Konsequenzen.

Etliche junge Leute, die sich ambitionierte berufliche Karriereziele setzen, legen sich die Latte enorm hoch. Wenn sie an der gläsernen Decke ankommen, sprich: auf strukturelle Barrieren stoßen, mit denen sie nicht gerechnet haben, droht ihnen die frustrierende Erfahrung des Scheiterns. Andere wiederum erreichen zwar die Latte, die sie sich gelegt haben, mit Einsatz und der richtigen Portion Glück, stehen aber eher früher als später vor der Frage, wie sie das hohe Niveau auf lange Sicht hin aufrechterhalten können, ohne dabei völlig auszubrennen. Spätestens dann, wenn sie die Sache nicht mehr im Griff haben und dem Burnout anheimfallen, stellt sich ihnen die Frage, wer sie denn nun auffängt. Die vielen anderen, die dem Gebot „Jeder ist seines eigenen Glückes Schmied" folgen, werden es wohl kaum sein, denn wer diese Haltung einnimmt, tendiert dazu, Mitmenschen, die – aus welchen Gründen auch immer – nicht mithalten können und daher auf die Solidargemeinschaft angewiesen sind, mit Abfälligkeit oder sogar offen zum Ausdruck gebrachter Abwertung zu begegnen, und zwar ohne einen Gedanken darauf zu verschwenden, ob das gerecht ist.

Die psychologische Forschung liefert diesbezüglich einige interessante Erkenntnisse. Sie zeigt, dass wir, wenn wir eine Ungerechtigkeit beobachten und die Möglichkeit haben, das Unrecht zu beenden, generell dazu tendieren, aktiv zu werden, um für diejenigen, denen Ungerechtigkeit widerfahren ist, Gerechtigkeit wieder herzustellen. Wenn wir jedoch überzeugt sind, dass wir die bestehende Ungerechtigkeit nicht beseitigen können, reagieren wir hingegen anders: Wir tendieren dazu, das Unrecht zu bagatellisieren, und werten die Betroffenen ab, indem wir ihnen unterstellen, sie seien an ihrem tristen Schicksal selber schuld. An diesem Punkt beginnt sich eine unheilvolle Spirale zu drehen: Je stärker ein Schicksal als selbstverschuldet erlebt wird, desto mehr werten wir Betroffene ab. Dass die Welt an sich ungerecht ist und Betroffene an ihrer Situation möglicherweise selbst wenig ändern können, damit wollen wir uns offenbar häufig nicht abfinden. Claudia Dalbert, Andreas Zick und Daniela Krause, die sich im Rahmen einer groß angelegten Studie zu gruppenbezogener Menschenfeindlichkeit in Deutschland mit diesem Phänomen näher beschäftigten, haben hierfür eine einleuchtende Erklärung: „Denn wenn die Welt nicht gerecht ist, kann man ja selbst morgen das nächste Opfer sein. Das ist eine unerträgliche Vorstellung, und dies gilt für alle Menschen, unabhängig von ihrer Lebenssituation" (Dalbert u. a. 2010: 102). So passiert es, dass eine psychologisch verzerrte Realitätswahrnehmung gerade oft die schwächsten Mitglieder unserer Gesellschaft als „faule Schweine" oder zumindest als „willenlose Geschöpfe" an den Pranger stellt.

## Wohin tendieren diejenigen, die auf der Verliererseite stehen?

In Zeiten der Krise ist eine Entsolidarisierung gegenüber Schwächeren typisch für Menschen, die sich selbst auf der Verliererseite sehen. Durch die Wirtschafts-, Finanzmarkt- und Eurokrise des frühen 21. Jahrhunderts fühlen sich breite Schichten existenziell verunsichert und im Zuge dessen tendieren heute vor allem jene, die selbst Angst vor dem Absturz haben, zu einer Abwertung sozial schwacher Bevölkerungsgruppen. Sie projizieren ihre Ängste und Unsicherheiten auf Menschen, die in prekären Lagen leben, auf Randgruppen und nicht zuletzt auch auf Zuwanderer (vgl. Zick/Hövermann 2010: 106 sowie Becker u. a. 2010: 139). Immer wieder hört man, die „vielen Ausländer" würden der alteingesessenen Bevölkerung die „guten Jobs" wegnehmen. Auch junge Menschen aus benachteiligten Milieus denken so. Zuwanderer werden von ihnen als Konkurrenz am Arbeitsmarkt und damit letztlich auch als Konkurrenz um persönliche Zukunftschancen erlebt.

Derartige Ressentiments gegen Migranten und Migrantinnen lassen sich übrigens auch bei Jugendlichen, die selbst aus Zuwandererfamilien stammen, beobachten. Ethnorassismus, so nennen Soziologen und Soziologinnen dieses Phänomen, bei dem sich in der Zuwandererbevölkerung die *einen* Ethnien über die *anderen* – meist sind es „die Türken" oder „die Kanaken" – erheben. Erklären lässt sich der Ethnorassismus aus dem Umstand, dass in unserer Gesellschaft auch zwischen den Migrationsmilieus ein Konkurrenzkampf um Job- und soziale Aufstiegschancen tobt und so mancher, der in der sozialen Hierarchie selbst weit unten steht, seine ohnehin niedrige Statusposition durch die Konkurrenz anderer Zuwanderer bedroht sieht.

In noch stärkerem Maße schlägt das Konkurrenzempfinden allerdings in den sozial schwachen Milieus der alteingesessenen Bevölkerung durch. Hier hat die öffentliche Debatte um Migration, Integration und vollwertige gesellschaftliche Teilhabe für Zuwanderer, die in den letzten Jahren sehr rege geführt wurde, teils kontraproduktiv gewirkt. Viele Jugendliche haben das Gefühl, die Politik würde sich zu sehr um „die Ausländer" kümmern und die ohnehin knappen Budgetmittel „den Ausländern geben", während sie selbst ihrem Schicksal überlassen werden. Bei Rebecca ist das so etwa der Fall. Rebecca ist achtzehn, hat bereits zweimal eine Ausbildung abgebrochen und lebt mit ihren Eltern in einer durchschnittlichen österreichischen Kleinstadt. Außer einem Pflichtschulabschluss hat sie nichts vorzuweisen. Konkrete Vorstellungen, wie es in ihrem Leben weitergehen soll, fehlen. Nur eines weiß sie sicher: Den Lehrabschluss will sie irgendwann schaffen: „weil sobald ich ein Abschlusszeugnis habe, kann ich sagen, ich habe schon etwas erreicht, und ich will mit vierzig ja nicht als Hilfshackler dastehen". Über Politik redet Rebecca nicht gerne. Sie sagt, sie kenne sich da nicht aus und es interessiere sie auch nicht wirklich. Wie zur Entschuldigung fügt sie an: „Wenn im Fernsehen etwas über Politik kommt, nervt das: Da schalte ich dann gleich um." Mit Rebecca über politische Positionen zu sprechen, ist demnach schwierig. Ihr fehlt das Vokabular. In Sachen Weltanschauung wirkt sie irgendwie diffus. Sie sympathisiert mit militanten Tierschützern, die bekanntermaßen eher links sind, hat in ihrem Bekanntenkreis aber auch rechte Skinheads, die – so erzählt sie – „an die alten Hitlerzeiten glauben." Das findet sie zwar eigenartig, ein Problem hat sie damit aber nicht. Und sie begründet dies mit den Worten: „Jeder darf seine eigene Meinung haben, ich will niemanden umdrehen." Rebecca bezeichnet sich selbst als überzeugte Atomkraftgegnerin und zugleich als „Ausländerfeind". „Ich hasse Türken", hält sie mit bestimmtem Ton fest. Sie hat das Gefühl, „dass die Ausländer von unseren Politikern bevorzugt werden." Fast trotzig merkt sie an: „Ich finde, die sollen alle gleich behandelt werden wie die Österreicher." Auf die Frage „Was bedeutet soziale Gerechtigkeit für dich persönlich?" kontert sie prompt: „Soziale Gerechtigkeit heißt, dass wir Österreicher nicht vernachlässigt werden und dass nicht die Türken vorgezogen werden – die arbeiten nix und kriegen alles. Das finde ich unfair."

Für die extreme Rechte sind junge Menschen wie Rebecca ein gefundenes Fressen. Und auch für den demokratisch legitimierten Rechtspopulismus sind Jugendliche, die so fühlen und denken, als Zielgruppe relevant. Daher basteln die Rechtspopulisten an zweideutigen und dennoch unmissverständlichen Botschaften. Im Wahlkampf zur österreichischen Nationalratswahl im Herbst 2013 plakatierte die FPÖ beispielsweise den Slogan „Liebe deine Nächsten". Im Untertitel ließ Parteichef HC Strache seine Sympathisanten und Sympathisantinnen dann wissen, wer mit den „Nächsten" gemeint ist: „Für mich sind das unsere Österreicher", hieß es da. Rechte Ideologen spielen gekonnt mit der Verunsicherung weniger privilegierter Bevölkerungsgruppen und sie sind geschickt darin,

Bedrohungsgefühle, die die Zuwanderungsbevölkerung bei ihnen auslöst, noch weiter zu schüren. Ob die Benachteiligung tatsächlich besteht oder vielmehr nur eingebildet ist, ist dabei gar nicht das Thema. Es geht um etwas völlig anderes: nämlich, dass junge Menschen wie Rebecca ein subjektives Benachteiligungsempfinden entwickeln und daher mit dem Argument der „nationalen Benachteiligung" erfolgreich angesprochen werden können. Wie ist das nun zu bewerten? Stimmt es also, was die Medien immer wieder berichten? Driften Teile der Jugend heute nach rechts ab?

Die Ergebnisse, die die Jugendforschung diesbezüglich liefert, mahnen zu Wachsamkeit, warnen aber zugleich vor Panikmache. Gesamt gesehen, sprich: auf den Durchschnitt aller Jugendlichen gerechnet, bewegt sich die heutige Jugend nämlich sowohl in Deutschland als auch in Österreich in ihrer politischen Selbstverortung leicht links der Mitte (Shell Deutschland 2010: 135, Institut für Jugendkulturforschung 2012a: 21). Abgesehen davon ist die Gruppe derer, die sich ganz klar als politisch links deklarieren, insgesamt größer als jene, die sich als rechts verstehen, wobei „rechts sein" bei Jugendlichen in aller Regel nicht auf ein elaboriertes rechtes Weltbild bezogen ist, sondern weltanschaulich eher diffus mit „ausländerfeindlich sein" gleichgesetzt wird. Zweifellos richtig ist allerdings, dass ein Gutteil der Jugendlichen aus sozial schwächeren Milieus (und hier insbesondere männliche Jugendliche) mit rechtspopulistischen Slogans wie „Zuwanderer, die nichts zum wirtschaftlichen Wachstum beitragen, sollten in ihr Herkunftsland zurückgeschickt werden" oder „Wenn die Arbeitsplätze knapp werden, sollten die Ausländer wieder in ihre Heimat zurückgehen müssen" außerordentlich gut zu erreichen ist.

## „Diversity stole my bike": Rechtes Gedankengut in neuem Style

Dass die politische Rechte gesellschaftliche Debatten, die für ideologisch anschlussfähige Themen sorgen, strategisch zu nutzen weiß, ist nicht neu. Ereignisse, die die Weltgeschichte prägen und die zugleich die Menschen bewegen, liefern Anknüpfungspunkte und dienen in der politischen Argumentation als Aufhänger. Heutzutage bieten sich vor allem die weltweite Finanz- und Wirtschaftskrise, die dem frühen 21. Jahrhundert ihren Stempel aufdrückt, aber auch neue terroristische Bedrohungsszenarien, die seit dem Angriff islamistischer Terroristen auf das World Trade Center in New York 2001 die Sicherheitsbehörden beschäftigen, an. Je nachdem, wieweit rechts diejenigen stehen, die gerade am Wort sind, zeigen die ins politische Rennen geschickten Argumente das eine Mal rechtspopulistische, das andere Mal hingegen unverhohlen rechtsextreme Züge. Jedenfalls haben sie im Kalkül, dass eine wachsende Zahl Unzufriedener und Enttäuschter für die Botschaft, dass die „Ausländer" und das „Großkapital" sie um ihr Recht auf ein gutes Leben bringen, empfänglich sind.

Je weiter man als Beobachter und Beobachterin nach rechts blickt, desto öfter begegnet man kruden Argumenten, die die Wirtschafts- und Finanzmarktkrise des frühen 21. Jahrhunderts als Folge „jüdischer Weltherrschaft" darstellen. Codewörter, die synonym für „die Juden" verwendet werden, wie die „Hochfinanz", „Wall Street" oder auch „US-Ostküste", sind häufig. Ebenso hat Ausländerfeindlichkeit hier ihren festen Platz. Doch weil selbst in diesen Milieus mittlerweile angekommen ist, dass wir in einer Welt globaler Migrationsströme leben und das Rad der Zeit wohl nicht so leicht zurückzudrehen ist, wird häufig zwischen (eher) „guten Ausländern" und „schlechten Ausländern" unterschieden. Man lässt dabei keinen Zweifel aufkommen, wo die „schlechten Ausländer" zu finden sind: nämlich bei den Muslimen. Das heißt, Fremdenfeindlichkeit wird unmittelbar in Islamfeindlichkeit umgemünzt. Der Rechtsextremismus bildet heute zwar kein ideologisch einheitliches Gefüge, dennoch gibt es ein paar Schlüsselpunkte, die die verschiedenen Strömungen und Gruppierungen verbinden. Zum einen ist das die Überzeugung, dass die Nation, Ethnie bzw. „Rasse" über den Wert eines Menschen entscheidet, zum anderen ein autoritäres Staatsverständnis und drittens das Ideal ethnischer Homogenität, aus dem der rechte Kampf gegen den linken Ethnopluralismus seine Energien bezieht (vgl. Bundesministerium für Inneres 2012).

Im rechten Milieu beobachten Experten und Expertinnen derzeit zwei gegenläufige Trends. Auf der einen Seite steht eine Entradikalisierung und Verbürgerlichung der Rechten: Im Spektrum der demokratisch legitimierten Parteien finden rechtspopulistische Tendenzen Platz, die Gewalt als Mittel zur Durchsetzung rechter Weltanschauung zwar dezidiert ablehnen und die demokratische Ordnung auch ausdrücklich anerkennen, die sich aber zugleich mit klar nationalistischem, fremdenfeindlichem oder kulturrassistischem Gedankengut positionieren (Scherr 2012: 119). Auf der anderen Seite lassen sich hingegen neue Formen eines erlebnisorientierten, jungen Rechtsradikalismus beobachten. Dieser lebt vom Mythos des rechten Sozialrebellentums, macht kein Geheimnis daraus, dass er die demokratische Ordnung stürzen will, und wendet sich u. a. mit dem Argument „nationaler Benachteiligung" an unzufriedene und enttäuschte Jugendliche. Geradezu prototypisch verkörpert wird dieser zweite Trend von den „Autonomen Nationalisten".

In Deutschland beschäftigen die „Autonomen Nationalisten" seit Jahren den Verfassungsschutz. Sie gelten als enorm gewaltbereit und stehen zugleich für rechtsextreme Ideologie in einer zeitgemäß-jugendkulturkompatiblen Form. Ihr Style erinnert beim ersten Hinsehen eher an die linksautonome Szene als an rechtsextreme Jugendliche. Autonome Nationalisten tragen keine wie mit Lineal gezogenen Seitenscheitel, die man aus der klassischen Neonazi-Szene kennt, und auch keinen Skinhead-Look mit Glatze, Bomberjacke und Springerstiefeln. Bei ihren Aktionen sind Autonome Nationalisten üblicherweise ganz in schwarz, mit Kapuzenpullover und Turnschuhen bekleidet. Dazu tragen sie schwarze Sonnenbrillen – quasi als Tarnung bzw. Schutz, um von den Sicherheitsbehörden nicht so leicht erkannt zu werden –, Palästinensertücher, Slogan-T-Shirts und Buttons (vgl. Suermann 2010). Oft verraten nur die Aufdrucke, dass diese Jugendlichen nicht am linken, sondern am äußersten rechten Rand der Jugendkultur zuhause sind: „Diversity stole my bike" oder „Arrest black babies before they become criminals", die Botschaften lassen weltanschaulich wenig offen. Andreas Willisch spricht im Zusammenhang mit den Autonomen Nationalisten von einem „rechtsradikalen Rassismus", der keine Ideologie des Herrenmenschentums und keine Blut-und-Boden-Mythen vertritt. Anders als bei den Nationalsozialisten steht in ihrer Propaganda nicht die Überlegenheit der eigenen „Rasse" im Vordergrund, sondern es wird für eine Besserstellung von Menschen, die sich benachteiligt fühlen, gekämpft (Willisch 2008: 59f.). Häufig wird Benachteiligung dabei mit der Zuwanderungsfrage in Verbindung gebracht und demnach in „nationale Benachteiligung" umgemünzt.

Die Autonomen Nationalisten präsentieren rechte Jugendkultur in einem radikal modernisierten Gewand. Sie pflegen einen für rechte Milieus untypischen Lifestyle. Wer etwas auf sich hält, wohnt in einer „nationalen WG" und orientiert sich am Dresscode der Szene. „Thor Steinar", „Erik and Sons" oder „Ansgar Aryan", ein Label, das Surfer-Design mit NS-Ideologie verbindet, sind in der Szene angesagte Bekleidungsmarken, die mit zeitgemäßer Webperformance und Onlineversand einen hochprofessionellen Markenauftritt pflegen. Zum coolen Style der Autonomen Nationalisten gesellt sich eine nationalrevolutionäre Grundhaltung und ein enormes Gewaltpotential. Geht es nach den Aktivisten der Szene, soll das System zuerst einmal richtig aufgemischt und dann zerschlagen werden. „Frei, sozial, national – Widerstand lässt sich nicht verbieten" (www.youtube.com/watch?v=YjCedaRNxTA, Zugriff am 9.9.2013) und „This is the beginning of the end – your end" (www.youtube.com/watch?v=N75ZsRlugwU, Zugriff am 9.9.2013), so oder ähnlich lauten die Botschaften, die sie per YouTube als Videobotschaft an die demokratische Öffentlichkeit adressieren. Englische Slogans galten in der rechten Jugendkultur lange Zeit als „undeutsch" und waren daher verpönt. Nicht so bei den Autonomen Nationalisten. Wenn es sich anbietet, spielen sie gerne mit Anglizismen. Von sprachlicher Deutschtümelei halten sie nicht viel.

Autonome Nationalisten verstehen sich selbst als radikale außerparlamentarische Kraft. Ihr Motto lautet: „We are not a part of your society, we are not of your kind" (www.youtube.com/watch?v=YjCedaRNxTA, Zugriff am 9.9.2013). Menschen, die sich in rechten Parteien engagieren, werden als Systemerhalter belächelt. Sie selbst, so betonen sie, glauben nicht an die Demokratie. Und davon einmal abgesehen, finden sie Parteidisziplin grau und fad. Als selbst ernannte „Anti-Antifa" gehen die Autonomen Nationalisten militant gegen den politischen Gegner vor. Fast immer pflegen sie eine antibürgerliche, antikapitalistische und zugleich klar antidemokratische Kampfrhetorik. Die jungen Frauen sind dabei genauso radikal wie die Männer. Und sie durchbrechen damit die gewohnten rechten Traditionen, die die Frau als biologische Arterhalterin sehen. Mit dem Bild der „deutschen Mutter" fangen die jungen „Anti-Antifa-Aktivistinnen" wenig an. Sie verstehen sich nicht als Gebärmaschinen, sondern als Protagonistinnen des politischen Kampfs und bezeichnen sich selbst mit elitebewusstem rechten Stolz als „Nazissen" (vgl. Röpke/Speit 2011: 91ff).

Nach wie vor gilt im jugendsubkulturellen Rechtsextremismus Musik als eines der wichtigsten Mittel zur Rekrutierung neuer Anhänger. Doch das bedeutet nicht gleich automatisch Rechtsrock. Die Palette der in der Szene akzeptierten Musikstile ist über die Jahre breiter geworden. Sogar HipHop, der seine Wurzeln in der afroamerikanischen Kultur hat und demnach absolut „undeutsch" ist, ist mittlerweile erlaubt. Populär ist aber vor allem der „Nationalsozialistische Hardcore", kurz: NSHC: ein schneller, lauter, harter Sound, dem Texte unterlegt sind, die sich vorzugsweise sozialkritisch und antikapitalistisch geben, zum Beispiel: „We take it from the rich und give it to the poor. No communism. No capitalism. National socialism" (Staud/Radke 2012: 89). Themen im NSHC sind beispielsweise Globalisierung, Umweltzerstörung oder soziale Ungerechtigkeit. Eindeutige Hinweise auf einen rechtsextremen Hintergrund gibt es nicht immer. Insgesamt steht die Szene für eine explosive Mischung aus Institutionenskepsis, Hedonismus und rechten Werten. Käme es nicht einer unzulässigen Verniedlichung gleich, wäre man versucht zu sagen, die Autonomen Nationalisten seien rechte „Spontis".

Dortmund gilt als eine der Hochburgen der Autonomen Nationalisten im deutschsprachigen Raum. Und die Dortmunder Szene ist zudem als außerordentlich gewalttätig bekannt. Claudia Luzar und Olaf Sundermeyer haben sich mit dieser Dortmunder Szene intensiv beschäftigt und beschreiben die Aktivisten und Aktivistinnen als junge, erlebnisorientierte Neonazis: „Sie organisieren Flashmobs, werfen Flugblätter, sprayen, provozieren auf Veranstaltungen des politischen Gegners, jagen linksalternative Jugendliche und sind regelmäßig *auf* einigen Schulhöfen präsent – und nicht *davor*, wie bisweilen die NPD in Zeiten des Wahlkampfs" (Luzar/Sundermeyer 2010: 181). Auf jeden Fall sind die Autonomen Nationalisten an den Lebenswelten Jugendlicher deutlich näher dran als andere rechte Gruppen. Ihre Propagandaaktivitäten zeigen, dass sie genau wissen, was bei Jugendlichen ankommt. Sie setzen auf Taten statt Worte und geben sich expressiv: Spontandemonstrationen, Sprühaktionen und das von der linken Szene kopierte „Sticker Bombing", also das Kleben von Abziehbildern mit einschlägigen politischen Slogans im öffentlichen Raum, zeugen davon.

Die Autonomen Nationalisten nutzen auch die Möglichkeiten, die neue Technologien bieten, um vieles geschickter, als es politisch aktive ältere Semester tun. Toralf Staud und Johannes Radke bezeichnen sie daher völlig zu Recht als die „Digital Natives der extremen Rechten" (Staud/Radke 2012: 77). Smartphone und Internet sind in der Szene Basisausstattung. Und das Web 2.0 hilft beim Präsenzmanagement und der Community-Bildung. Aktivisten produzieren mit handlichen, kleinen Digitalvideokameras Erlebnisberichte zu ihren diversen Kampfaktionen und stellen die Videos, nachdem sie sie zuhause am PC nachbearbeitet, geschnitten und mit passendem Sound unterlegt haben, auf der populären Internetplattform YouTube online. Theoretisch hat dann jeder, der möchte, mit nur einem Mausklick Zugang zu rechtsextremer Ideologie. Auch die bei Jugendlichen populäre Online-Social-Plattform Facebook ist aus der Propaganda der Autonomen Nationalisten nicht wegzudenken. Richtig eingesetzt, kann Facebook eine im wahrsten Sinne des Wortes unheimliche Sogwirkung entfalten. Jeder Facebook-User, der einen Rechtsextremen zu seinem Freundeskreis hinzufügt, bekommt laufend weitere rechtsextreme Freunde und Initiativen vorgeschlagen. Und so passiert es, dass rechtsorientierte Jugendliche sich Mausklick für Mausklick immer stärker in der rechtsextremen Community verankern. Sind sie bis zum Kern der Szene vorgestoßen, treffen sie sich in geschlossenen Gruppen und tauschen sich in einschlägigen Internetforen, die nur registrierten Nutzern zugänglich sind, aus.

In Deutschland ist die Szene der Autonomen Nationalisten seit geraumer Zeit Thema. In Österreich ist es um diese enorm gewaltbereiten jungen Rechtsextremen hingegen eher ruhig. Möglicherweise hat der breit aufgestellte Rechtspopulismus der FPÖ, der in jungen, enttäuschten und unzufriedenen Wählergruppen fischt, die rechtsextrem gefährdete Jugend aufgesogen, bevor diese auf eine antidemokratische Bahn kommen konnte. Vielleicht stellt sich die soziale Frage in Österreich auch noch nicht ganz so scharf wie andernorts: Die Jugendarbeitslosigkeit ist niedriger, das soziale Netz des Wohlfahrtsstaates ist vielleicht noch etwas dichter gespannt. Vermutlich wirkt beides irgendwie zusammen und ist mit ein Grund dafür, dass der österreichische Verfassungsschutz die Situation in Sachen „Jugend und Rechtsextremismus" nicht allzu dramatisch darstellt. Einen Generationenwechsel in der Szene sowie die „Tendenz, dass ein junger, neonazistischer und besonders fremdenfeindlicher Rechtsextremismus mit direkt an die Jugend gerichteten Websites versucht, junge Menschen aufzuhetzen und zu rekrutieren", halten auch die österreichischen Verfassungsschützer fest (Bundesministerium für Inneres/Bundesamt für Verfassungsschutz 2012: 17). Und da man weiß, dass die deutsche Szene für rechte Jugendliche in Österreich immer schon Vorbild war, ist ein wachsames Auge auf Kontakte nach Deutschland gerichtet.

Die Autonomen Nationalisten bilden freilich auch in Deutschland nur einen winzigen Ausschnitt der zeitgenössischen Jugendkultur ab. Der breite Mainstream ist weit davon entfernt, rechts zu sein. Ja, er ist nicht einmal politisch – trotz oder vielleicht gerade wegen der Krisenstimmung, die als Hintergrundrauschen im Alltag der Jugend heute so stark mitschwingt.

# JUGENDKULTUR 3.0

*BUNTE LIFESTYLES ALS OPIUM FÜR DAS VOLK:
WIE SICH DAS KRISENGESPENST ZUMINDEST
KURZZEITIG VERGESSEN LÄSST*

Schräge Klamotten, laute Musik, neue Regeln – nirgendwo
sonst tritt uns das Lebensgefühl der Jugend so unverstellt gegenüber wie in den Jugendkulturen. Und vielleicht nirgendwo
sonst ist das Bild von der Jugend so voller Mythen und Klischees. Die einen denken an rebellische Selbstfindungs-Trips
und allerlei verrückte Attitüden. Die anderen haben eine geist-
lose, markenfixierte Konsumjugend vor Augen. Was eher selten
gesehen wird, ist, dass Jugendkulturen einen Blick freigeben auf
die Bruchkante von Altem und Neuem, an der die Jugend steht.
Immer dann, wenn die Gesellschaft an einem Wendepunkt
ankommt, wirken Jugendkulturen wie Seismographen, die
schwache Signale des Wandels früh erkennen und lokalisieren.
Jugendkulturen sind bunte Sonderwelten. Als solche bringen
sie die Erlebnisse und Erfahrungen, die Jugendliche in ihrem
Alltag machen, in eine symbolische Ordnung. Sie treiben vieles
auf die Spitze, pointieren, verfremden und halten der Gesellschaft einen Spiegel vor. Man kann in ihnen lesen wie in einem
Buch. Doch dazu braucht es, um mit Heinz Bude und Michael

Dellwing zu sprechen, „Aufmerksamkeit fürs Detail, Befremden angesichts des scheinbar Selbstverständlichen, viel Zeit und die Neugier des Nichterkennens" (Bude/Dellwing 2013: 23).

## Jugendkulturen als riesiger Interpretationsprozess

„Jede Gesellschaft hat die Kinder, die sie verdient. Brave und Aufrührer, Auf- und Aussteiger", so schrieb die deutsche Illustrierte *Stern* im April 1981, just in dem Jahr, in dem die Jugendforschung im deutschsprachigen Raum Jugendkulturen als Forschungsgegenstand entdeckte (Jugendwerk der Dt. Shell 1991: 488). Die heutige Jugend war damals noch gar nicht geboren. Vieles ist heute anders – in der Gesellschaft und auch in der Jugendkultur. Eines gilt aber so wie damals: Jugendkulturen sagen nicht nur etwas über die Jugend aus, sie erzählen immer auch über die Gesellschaft – ihren Zustand und ihre Befindlichkeit. Und ob Glanz der Oberfläche oder Charme der Non-Konformität, ob Konsum oder Rebellion – die Jugendkulturen bringen uns auf Sichtkontakt mit dem Zeitgeist.

In den Jugendkulturen trifft man auf Leitwerte, die unserer Gesellschaft einen Stempel aufprägen, und auf Themen, die in der öffentlichen Debatte rege zirkulieren: Teils werden sie mit einer offensiven Mitmachhaltung auf den jugendlichen Alltag umgelegt, teils werden sie umformuliert und mit Akzent in die eine oder andere Richtung weiterentwickelt. Gelegentlich werden sie auch jugendkulturell gegen den Strich gebürstet. Das muss nicht in Form harter Systemkritik geschehen, sondern es kann auch einfach ein schräges und vielleicht sogar schrullig anmutendes Lifestyle-Statement sein. Nehmen wir zum Beispiel den neuen Esoterik-Trend, den man – quasi als Antwort auf diffuses Krisengefühl – heute auch dort antrifft, wo man ihn vielleicht am wenigsten vermutet: in der US-amerikanischen Rap-Kultur. In den 2010er Jahren hat sich hier eine Nische gebildet, die Ethikfragen mit dem Conscious-Prinzip und der esoterischen Suche nach Alternativen verknüpft. Die eher ungewöhnliche Mischung aus Rap-Sound und spiritueller „Attitude" wird von den Rap-Artists *The Underachievers* prototypisch verkörpert. Ihre These lautet: „The youth is getting conscious" (vgl. Obst 2013).

*The Underachievers* verstehen sich als „Indigo-Kids". Das heißt, sie glauben, Auserwählte zu sein und über spezielle Fähigkeiten zu verfügen, um die Menschheit aus ihrer geistigen und emotionalen Krise zu führen. Nur zur Erläuterung: Das Konzept der „Indigo-Kids" stammt ursprünglich aus den 1970er und 1980er Jahren. Die Anhänger dieses Konzepts gingen davon aus, dass eine neue Generation heranwächst, die eine besondere spirituelle Begabung hat und daher ein höheres Bewusstsein erlangt. Dies erkenne man an ihrer indigofarbigen Aura, so meinte man. Von der Wissenschaft wurde der „Indigoismus" immer belächelt. Doch diejenigen, die daran glaubten, knüpften einst große Hoffungen an die „Indigo-Kinder": Sie sollten die Menschheit in eine neue geistige Ära führen. Da diese neue Ära jedoch auf sich warten ließ, geriet die „Indigo-Philosophie" über die Jahre weitgehend in Vergessenheit. Umso seltsamer ist es, wenn sich heute plötzlich Rapper, die zu hundert Prozent nach coolem US-amerikanischen Rap aussehen – mit Baggy-Pants, Base-Caps, Kapuzen-Sweater und Nike-Sneakers –, zu „Indigoismus" bekennen und nahezu missionarisch für die Rettung der Welt rüsten. Bei den *Underachievers* ist dies jedenfalls so der Fall. „Wenn du dich in Oberflächlichkeiten verfängst, bist du am Arsch. All die Schätze finden sich in dir selbst. Sobald du erkennst, dass eine göttliche Kraft in dir wohnt, kannst du deine eigene Realität kreieren", sagt Dash von *The Underachievers* (*Juice* 5/2013: 28). Man muss kein großer Esoterik-Kenner sein, um zu bemerken, dass sich hinter diesen Sätzen nicht der übliche Bling-Bling-Gangsta-Style verbirgt.

In einigen Jahren wird man vermutlich feststellen, dass die „Indigo-Rapper" mit ihrer, wie der Durchschnittsjugendliche sagen würde, „voll verschrägten" Perspektive nicht mehr als ein skurriles Nischenphänomen der 2010er Jahre waren: eine kurz aufleuchtende Sternschnuppe am jugendkulturellen Zeitgeisthimmel. Die breite Mehrheit der jugendkulturorientierten Jugendlichen pfeift heute nämlich auf esoterisches Besinnungsgelabere und sucht woanders Zuflucht: in schillernden Lifestyle-Welten, die das scheinbar allgegenwärtige Krisengespenst zumindest auf Zeit vergessen machen. Eine bunte Palette an jugendkulturellen Stilen bietet dabei unterschiedliche Möglichkeiten der Weltauslegung an. Jeder Stil stellt andere Modelle für das Handeln bereit. Und jeder Stil beantwortet auch die Daseinsfragen, die die Jugendlichen beschäftigen, anders.

Es kommt beispielsweise nicht von ungefähr, dass sich – fernab des „Indigoism" der *Underachievers* – männliche Jugendliche der 2. Generation hierzulande stärker als Altersgleiche ohne Migrationshintergrund mit der HipHop-Kultur identifizieren. HipHop hat seine historischen Wurzeln in den Ghettos der US-amerikanischen Großstädte. Viele HipHopper der 2. Generation sehen sich selbst in einer ähnlich prekären Lage wie die farbige Ghetto-Jugend in den USA. Sie nutzen HipHop als Möglichkeit, um ihr Benachteiligungsempfinden jugendkulturell zu überformen und zumindest ein Stück weit zu verarbeiten. Bei Stefan, neunzehn Jahre, ist das so etwa der Fall. Er stammt aus einer Zuwandererfamilie, die bereits vor langen Jahren aus

Ex-Jugoslawien nach Wien zog, in der öffentlichen Wahrnehmung aber bis heute eine „Ausländerfamilie" geblieben ist. Für
ihn ist HipHop eine Möglichkeit, mit dieser Tatsache positiv
umzugehen. Er habe in seinem jungen Leben schon Vieles erlebt,
erzählt er, auch viel Negatives. „Rappen ist für mich da ein bisschen, wie sich selbst therapieren. Viele, die rappen, haben schon
genug Scheiße erlebt. In ihrer Musik teilen sie das mit Leuten,
die das Gleiche erlebt habe. Und die verstehen das dann."

Für Jugendliche steht die Identifikation mit jugendkulturellen
Stilgruppen häufig im Zeichen eines „Wer bin ich und wo stehe
ich?" Noch wichtiger ist für sie aber die Frage „Wer will und
wer kann ich sein?" Es geht also immer auch um ein Spiel mit
dem Möglichkeits-Ich. Und mehr als anderswo gelten dabei
zwei Leitsätze. Erstens: „Die Maske ist nicht die falsche, sondern vielmehr die wahre Seite des Menschen. Durch sie erst gibt
er sich preis" (Baumgartner 2011: 46). Und zweitens: Wo man
gerade ankommt, dort ist man und so lebt man (Großegger/
Heinzlmaier 1997: 7) – zumindest für eine gewisse Zeit.

## „Öko-Hippie" versus „Kommerz-Barbie": Du zeigst mir, wie du aussiehst, und ich sage dir, wie du tickst

Jugendkulturen sind Kulturen des Sichtbaren. Als goldene
Regel gilt: „Du zeigst mir, wie du aussiehst, und ich sage dir,
wie du tickst." Das weiß auch Adrienne. Adrienne ist fünfzehn
und besucht ein Gymnasium mit Kreativschwerpunkt. In ihrer
Freizeit diskutiert sie mit ihren Freunden lieber darüber, ob
Godard eher damit beginnen hätte sollen, Farbfilme zu drehen,
als über das politische Zeitgeschehen. Mit dem Geschmack
der Massen tut sie sich schwer. Die Auseinandersetzung mit
sich und der Welt läuft bei ihr vorrangig über das Ästhetische.

Adrienne identifiziert sich mit „Hipster", einem in den frühen 2010er Jahren vor allem in Marketingkreisen heiß diskutierten Lifestyle-Phänomen. „Hipster mögen alles, was die Masse nicht mag und umgekehrt. Und deshalb haben sie angefangen, sich anders anzuziehen. Sie versuchen sich einfach von der Masse abzutrennen und speziell zu sein", sagt Adrienne und erklärt die Hipster-Lebensphilosophie damit eigentlich recht schlüssig.

Hipster setzen auf Selbstverwirklichung, Kreativität und Individualismus. Die meisten von ihnen wollen sich keiner Szene zuordnen und viele wehren sich auch vehement dagegen, Hipster genannt zu werden. Sie lassen sich nicht gerne in eine Schublade stecken, pochen auf Eigenständigkeit und Originalität, pflegen aber dennoch einen Lifestyle, der sie für außenstehende Beobachtende unverkennbar zum Hipster macht. Hipster sind durchwegs höher gebildet und urban, haben ein Faible für die eher verstiegenen Seiten der Popkultur, lieben ästhetische Skurrilitäten und haben einen Hang zur Ironie. In die Praxis gewendet, heißt das: Wer Hipster ist, steht auf schräge Klamotten in seltsamen Farben, bunte Spitzen und eigenartige Weltallmuster. Galaxy-Leggings, die in der breiten Masse ganz sicher unter die Kategorie „bad taste" fallen würden, gelten hier als cool. In der kulturellen Welt, in der sich Hipster bewegen, zählt das Stilisierte. Nicht selten verwandelt sich der Ernst des Lebens dabei in ein lockeres Spiel mit den Zeichen. Hipster flanieren gerne durch kultige Secondhand-Boutiquen. Und wenn sie ganz bewusst zu Marken greifen, dann wirkt das bei ihnen wie ein wohldurchdachtes ästhetisches Statement. Sie tragen „Urban Outfitters" und „Apparel", lieben fast alles von „Apple" und fahren nicht mit stillosen City-Bikes durch die Stadt, sondern mit „Fixies", das sind minimalistisch designte, stylishe Fahrräder (Ikrath 2013: 7).

Musikalisch tendieren Hipster zu allem Möglichen, solange es nicht im Formatradio gespielt wird und nicht in die Rubrik „massentaugliche Electronic Dance Music" fällt: Beim Ausgehen kann das beispielsweise Elektro, Drum'n'Bass oder Dubsteb sein, zuhause ist es hingegen meistens Indie. Großteils sieht man das den Hipstern auch an. In fast allem, was sie tun und wie sie sich zeigen, akzentuieren sie die Überlegenheit ihres popkulturellen Geschmacks und grenzen sich damit von der Masse ab. In der zeitgenössischen Popkultur gilt übriges John Maus als Prototyp des Hipsters. Der *Musikexpress* bezeichnet ihn als einen der unwahrscheinlichsten Popstars unserer Tage: Er ist Doktor der Philosophie, macht Synthiepop, den er mit Händel und Webern würzt, spricht im Interview viel lieber über Adorno und die französischen Poststrukturalisten als über das aktuelle Musik-Business und glaubt an die subversive Kraft des „Billigen". Seine künstlerische Arbeit setzt bei den *15 Thesen zur zeitgenössischen Kunst* von Alain Badiou an, einem neo-marxistischen französischen Poststrukturalisten, den der jugendkulturorientierte Jugendliche von nebenan ganz sicher nicht kennt. Maus sagt so avantgardistische Sätze wie: „Musik muss sein wie, wie, wie … eine Plastiktüte" (*Musikexpress* 8/2012: 36). Das Statement könnte Adrienne gefallen. Wenngleich zwischen ihr und Maus Welten liegen, rebelliert sie wie er gegen modische Durchschnittlichkeit. Vor allem Leute, die auf „cheesy Dancefloor" stehen, sind Adrienne so richtig verhasst. Für sie ist das eine Welt der selbst ernannten Schönlinge: lauter bunte Smarties, die scheinbar beliebig zu Hits, House, Techno, Disco und R'n'B abfeiern. „Das sind Menschen, die David Guetta mögen", sagt sie und tut so, als erkläre das bereits alles. Sie will nur eines nicht, dort dazu gehören: „Diese Prolomädchen mit ihren kurzen Kleidern und Leopardenmustern, das ist nicht so meines." Sie geht lieber in Clubs, „wo man sich nicht so super schick machen muss" und wo man, wie sie meint, „mit lustigen neuen Leuten gut ins Gespräch kommen kann." Auch wenn sie gern und viel über das Ästhetische und damit letztlich über Äußerlichkeiten spricht, geht es ihr nicht so sehr um den Look an sich, sondern eher um die damit verbundene Richtungsentscheidung.

Am Beispiel von Adrienne wird verständlich, warum das Spiel mit der ästhetischen Oberfläche in den Jugendkulturen heute so wichtig ist. Die Jugendlichen drücken damit nicht nur aus, wie sie sich fühlen. Sie sagen zugleich auch, wer sie sind oder zumindest, wer sie gerne wären – und zwar, ohne Worte gebrauchen zu müssen. Es scheint so, als hätte die jugendkulturorientierte Jugend einen Grundsatz der Lebensstilsoziologie tief inhaliert: Stil dient der Orientierung und vor allem auch der Abgrenzung. „Man will klarmachen, was man nicht ist", sagt Gerhard Schulze (1995: 111). Das Prinzip ist einfach. Zuerst macht man sich ein Bild von denen, mit denen man sich nicht identifizieren will. Und dann zeigt man mit dem eigenen Stil, dass man sich selbst völlig anders sieht, anders lebt und auch anders denkt. Für Außenstehende mögen die im Stil verborgenen Lebensphilosophien zwar gelegentlich unverständlich bleiben. „Aber die Insider spüren, welche Werte sie symbolisch ausdrücken, wenn auch nur wenige in der Lage sind, auf Anhieb ihre Lebensphilosophie klar zu formulieren", so Schulze (1995: 113). Und diese Regel gilt nicht nur für Jugendliche, sondern ebenso für Erwachsene. Wenn ich an das klassische Publikum der Hochkultur denke, habe ich beispielsweise ein Bild vor mir, wie Menschen, die der Hochkultur huldigen, leben, wie sie aussehen und auch wie sie ihren Lifestyle inszenieren. Ich weiß, dass ihr Bekleidungsstil mit dem „Streetstyle" der HipHopper und Skater wenig gemeinsam hat und sie nicht mit Baggy Pants, also Hosen, die im Schritt tiefer sitzen und an den Hüften so weit herunterrutschen, dass zumindest der Bund der Unterhose gut zu sehen ist, ins Theater gehen. Ich weiß auch, dass sie Qualitätszeitungen lesen, selten aber Comics, und dass sie vorzugsweise klassische Musik und nicht Black Metal hören.

Was Jugendliche den Erwachsenen vielleicht voraus haben, ist ihre Sensibilität für die via Style vermittelten Botschaften. Ihr Blick für ästhetische Feinheiten ist enorm scharf. Während die einen begeistert das Spiel mit dem Mix von Stilistiken spielen und sich gern am Hybriden erproben, konzentrieren sich die anderen auf eine Suche nach Eindeutigkeit und üben sich bewusst in ästhetischer Abgrenzung. „Hipster" oder „Prolomädchen", „Öko-Hippie" oder „Kommerz-Barbie" – vermittelt über Stil sind die Fronten dabei meist sehr schnell klar. Jugendkulturelle Identität formiert sich aus gelebter und vor allem auch nach außen hin gezeigter Differenz.

Im Verlauf ihrer Jugendbiographien machen jugendkulturorientierte Jugendliche übrigens häufig verschiedene jugendkulturelle Stile durch. „Change your look and your mind will follow" (in freier Übersetzung: Ändere dein Aussehen und es wird sich dann auch dein Lebensgefühl verändern), lautet das Gebot der Stunde. Und viele agieren dabei so, als hätten sie Stuart Hall gelesen und würden sich denken: „Tatsächlich geht es bei Identitäten darum, die Ressourcen von Geschichte, Sprache und Kultur für einen Prozess des Werdens, nicht des Seins zu mobilisieren: nicht, ‚wer wir sind' oder ‚woher wir kamen', sondern was wir werden können, wie wir repräsentiert wurden und wie dies auf unsere Selbstrepräsentation zurückwirkt" (Hall zitiert in: Reisenleitner 2006: 325). Sie beschäftigen sich also weniger mit den „Roots" ihrer kulturellen Praxen, sondern eher mit den von ihnen zu beschreitenden Routen.

## Generationenkonflikt und Gegenkultur waren gestern

Lange ist es her, dass Punks sich mit „Tapetenkleister extra strong" ihren Irokesen aufstellten und alternative Öko-Freaks die blütenweiße Bettwäsche, die sie von Oma zu Weihnachten bekommen hatten, mit Textilfarben aus dem Bastlerbedarfsladen lila färbten. Und auch dass Jugendkulturen Medium des Aufstands der Jugend gegen die Welt der Eltern waren, ist Schnee von gestern. Die Zeit, in der die Jugend den Generationenkonflikt auf jugendkulturellen Bühnen austrug, reichte von den 1950ern bis in die 1970er. Bereits in den 1980ern wurde es rund um die Generationenfrage ruhiger. Und das ist bis heute so geblieben. Jugendkulturen stehen kaum mehr für bewusste Abgrenzung von der Welt der „Alten", sondern sichern innerhalb der Gesellschaft der Altersgleichen Distinktion. Das heißt, es geht nicht mehr so sehr darum, anders als die eigenen Eltern zu leben, sondern vielmehr darum, mit dem jugendkulturellen Stil der eigenen Wahl anders als andere Jugendliche zu sein. Doch alles der Reihe nach. Wagen wir einen kurzen Blick in die jugendkulturelle Zeitgeschichte und sehen wir uns an, wie es dazu kam.

Alles begann in den Nachkriegsjahren, als die US-amerikanische Teenagerkultur auf Europa überschwappte. Music-Box, Kino und Rock'n'Roll boomten. Junge Männer in Nietenjeans und Lederjacken machten als „Halbstarke" auf ihren Motorrädern die Gegend unsicher. Mega-Stars wie Elvis Presley und Bill Haley, aber auch deutsche Softrocker wie Peter Kraus und Conny Froboess eroberten im deutschen Sprachraum die Herzen der Teens. Die Rock'n'Roll-Jugend war ein echter Affront für die ältere Generation, die bemüht war, ein möglichst solides Leben zu führen. Es kam zum Generationenkonflikt, doch der war vorerst noch völlig unpolitisch und spielte auf der Bühne von Jugendfreizeit und Jugendkonsum. Politisches Aufbegehren gegen die Welt der Elterngeneration sollte erst einige Jahre später, ab Mitte der 1960er, zum Thema werden. Dafür kam die Kritik nun aber massiv. Progressive junge Bildungseliten ritten Attacke gegen das System. Die Studentenbewegung übte sich in linker Kampfrhetorik und revolutionärer Denke. Wer etwas auf sich hielt, las Herbert Marcuse und philosophierte über die „große Weigerung". In intellektuellen Kreisen war der Ruf nach Veränderung unüberhörbar. Und auch in der bunten Welt des Pop begann es zu gären. Das legendäre Woodstock-Festival begründete den Mythos einer Jugendgeneration, die den Bruch mit den Konventionen zum jungen Lebensgefühl erhob. Die „Blumenkinder" der Hippie-Bewegung hatten sich „Gegenkultur" auf die Fahnen geschrieben. Sie träumten von einem anderen Leben. Individuelle Freiheit und alternatives Bewusstseins waren die neuen Werte dieser Jugend. Bunte Kleidung mit psychedelischen Mustern, Batikgewänder, Jeans und farbige T-Shirts, Stirnbänder und Muschelketten, die Männer langhaarig und mit Vollbart, die Frauen ohne BH, das war ihr Style. Und Marihuana und LSD waren die dazu passenden Drogen. Aber dann kam Punk. Und Punk katapultierte den Generationenkonflikt quasi über Nacht in eine andere Richtung.

Auch Punk wollte das System aufmischen. Doch Punk ging auf Distanz zu den naiven Hoffnungen der Hippies und intellektuellen Endlosdiskussionen der Neuen Linken. Sid Vicious, der Bassist der legendären britischen Band *Sex Pistols*, verkündete: „Ich will wie Iggy Pop sein und sterben, bevor ich dreißig bin" (Pilz 2012: 58). Punk inszenierte sich als Jugendkultur einer „kaputten Generation", brach mit allem, was man zu dieser Zeit mit einem gut geordneten, soliden Leben verbinden konnte, und hielt der Gesellschaft auf diese Art und Weise einen Spiegel vor. Das Wort „Normalbürger" war damals gleichbedeutend mit „krasser Spießer". Und die Strategie der Punks ging dahin, die Gesellschaft, die man als Ansammlung solcher Spießer sah, auf Teufel komm raus zu provozieren: mit blöden Sprüchen und „No Future"-Attitüde, mit einem Sound, der für Nicht-Punks lediglich Lärm und nicht Musik war, vor allem aber mit einem extremen Styling. Der Dresscode der Punks war „Kaputtästhetik" in Reinform: „Sicherheitsnadeln machten, haushalterischer Praxis entfremdet, als stilistische Ornamente der Selbstverletzung in Ohren und Wangen Furore. Reißverschlüsse überzogen an den sinnlosesten Stellen selbst zerrissene Kleidungsstücke" (Lepp 1991: 279). Der Eindruck, den die Punks damit im verhassten Establishment hinterließen, war offensichtlich so irritierend und prägend zugleich, dass die Jugend dieser Zeit rasch sehr pauschal das Etikett „No-Future-Generation" aufgeklebt bekam.

Auch heute noch ist das Bild von der Jugend zwischen Mitte der 1970er und den frühen 1980er Jahren stark von den Erinnerungen an Punk geprägt. Tatsächlich erreichte die Punkbewegung nur einen vergleichsweise kleinen Teil der damaligen Jugend. Die *Shell Jugendstudie '81*, die erstmals in der Geschichte der deutschen Jugendforschung die Teilnahme Jugendlicher an jugendkulturellen Strömungen erhob, spricht zu Beginn der 1980er Jahre von lediglich zwei Prozent bundesdeutschen Punks sowie fünfzehn Prozent, die zwar selbst nicht als Punk lebten, Leute, die das taten, aber gut fanden (Jugendwerk der Dt. Shell 1981: 488). Punk war also alles andere als eine Massenbewegung. Jugendliche hatten zur damaligen Zeit zig andere Optionen, zu einer jugendkulturellen Selbstdefinition zu finden. Vielen genügte es, einfach bekennender Fan eine Pop- oder Rockmusikgruppe zu sein. Andere wiederum ließen sich von den Neuen Sozialen Bewegungen inspirieren und hofften weiterhin auf ein Leben in gesellschaftlichen Alternativen. Daneben lebte mit Disco der Hedonismus. Und ab den frühen 1980er Jahren kam noch die Popperkultur hinzu. Diejenigen, die hier ihre jugendkulturelle Heimat suchten, fanden Gesellschaftskritik langweilig und beschäftigten sich lieber völlig politikfrei mit Äußerlichkeiten. Bekleidungslabels wie „Armani", „Benetton" und „Lacoste" avancierten zu Kultmarken. Statt langem Haar oder Irokesen trug man adrette Seitenscheitel. Vespas komplettierten als obligatorisches Fortbewegungsmittel das Stilrepertoire. So zeigten sich die Popper der Öffentlichkeit, gaben Gas und hatten dabei ihren Spaß. Und dann boomte plötzlich New Wave.

Mit New Wave wurden Synthiepop, Neonfarben, schnelle Drogen, Haar-Gel und neue In-Lokale mit kaltem, künstlichem Neonlicht zum Trend. Nach der „Flower Power" der Hippies, nach der „Kaputtästhetik" der Punks und zeitgleich zum „Jute statt Plastik"-Stil der Öko-Bewegung brachte New Wave die Coolness und einen stylebetonten Individualismus in die Jugendkultur und wurde damit zum frühen Boten einer grundlegenden Mentalitätsverschiebung der Jugend. Plötzlich galt: „Walk on the wild side" war gestern. Und auch der alte Ton-Steine-Scherben-Slogan „Macht kaputt, was euch kaputt macht" hatte keine Bedeutung mehr. Der Zeitgeist hatte gedreht: Man gab sich lieber smart als spröd. Konflikten ging man aus dem Wege und äußerte Kritik, wenn überhaupt, dann in Form von ironischen Statements. Das Leben, das die Eltern und Großeltern führten, war zwar noch immer „uncool", aber anstatt den Alten den eigenen Lifestyle mit aller Wucht vor den Latz zu knallen, um sie damit aus der Reserve zu locken, verständigte man sich lieber darauf, sie aus dem eigenen Leben einfach auszublenden.

So geriet der Generationenkonflikt mehr und mehr aus dem Blickfeld und die Weichen waren gestellt: Jugendkultur war fortan vor allem ein Schauplatz für „das eigene Ding". Als sich Ende der 1980er Jahre die jugendkulturellen Stile immer mehr auffächerten und der jugendkulturelle Zeitgeist immer stärker in Richtung populärer Freizeitkulturen wies, war der Generationenkonflikt dann endgültig einem konfliktfreien, aber auch verständnislosen und – zumindest aus Sicht der Jugendlichen – oft gleichgültigen Nebeneinander der Generationen gewichen. Die Jugend und mit ihr die Jugendkultur tauchten nun mehr und mehr in die Gesellschaft der Gleichaltrigen ab.

Die Werteforschung bestätigt diesen Trend. Sie zeigt, dass die Bedeutung, die Jugendliche Freunden und Bekannten zuweisen, während der 1990er Jahre sprunghaft anstieg (Großegger 2001: 54). In der Jugendkultur traten nun die Suche nach Originalität und eine damit verbundene Zuwendung der Jugendlichen zu sich selbst in den Vordergrund. Jugendkulturelle Vorgänger-generationen, die politischen Visionen gefolgt waren, wurden belächelt. Wer es wagte, von Authentizitätsverlust zu sprechen, dem konterte diese Jugend prompt: „Und die Nostalgiker der Friedensbewegung haben wir auch durchschaut: sie sehnen sich nach der Bewegung, nicht nach Frieden" (Flamm 1998: 423). In diesem Jahrzehnt, genauer gesagt im Jahr 1992, erblickte Helene Hegemann das Licht der Welt. Etliche Jahre später, nahe an der Jetztzeit, wird sie sich als schreibender Teenager einen Namen machen und anlässlich der Veröffentlichung ihres Debütromans *Axolotl Roadkill* in einem Interview mit dem Popkulturmagazin *Spex* sagen: „Mich interessiert nicht irgendeine große Wahrheit, weil der Glaube an deren Existenz sowieso die größte Lüge ist, die es gibt. Mir geht es fast ausschließlich um Statements. Und um Unterhaltung" (*Spex* 9/10/2010: 50).

Die Saat der 1990er trägt in Helene Hegemann ihre Früchte. Und Hegemann bringt den Zeitgeist, der die Jugendkultur im frühen 21. Jahrhundert beflügelt, auf den Punkt. Schlägt man ihr Buch auf, findet man auf den ersten Seiten, noch bevor die Geschichte beginnt, den Werbeslogan eines populären TV-Senders abgedruckt: „Let me entertain you! (Pro7)" Vier Worte in englischer Sprache, die wie ein Versprechen klingen, auf das große Teile der heutigen Jugend sehnsüchtig warten. Viele „Kinder der Krise" gieren geradezu nach Entertainment. Sie nutzen die Medien und auch die Jugendkultur als Fluchtpunkt, um Ausgleich zu einem oftmals überfordernden, gelegentlich aber auch langweiligen, weil monotonen Alltag zu finden. Statt gegen den Strom zu schwimmen und die Welt der Eltern durch allerlei Unangepasstheiten aufzumischen, wollen sie nur eines: Ablenkung, Spaß und ein klein wenig Platz für das Spiel mit den eigenen Lesarten des Selbst. Nirgendwo sonst lässt sich das so gut beobachten wie in den jugendkulturellen Szenen.

## Leben in der Szene bedeutet Leben in der Lifestyle-Blase

Jessica ist gerade siebzehn geworden und eines der wenigen Mädchen, die rappen. Die angehende Konditorin hat ihr langes Haar im Nacken zusammengebunden, trägt ein enges T-Shirt und dazu weite Hosen. Ihr Style ist „Streetstyle" und ihre Szene „HipHop". Warum das so ist, bedarf aus ihrer Sicht keiner langen Erklärungen: „Die Leute, mit denen ich abhänge, haben dieselbe Denkweise wie ich. Wir kleiden uns auch ziemlich ähnlich – nicht ganz gleich, aber eben so, dass der Stil passt. Und wir hören alle dieselbe Musik und gehen in dieselben Clubs." Mit diesen wenigen Sätzen nimmt sie das Wesentlichste, was die Szeneforschung zu Szenen zu sagen hat, vorweg.

In der Soziologie ist der Begriff „Szene" eng mit zwei Namen verknüpft: Gerhard Schulze und Ronald Hitzler. Beide haben den
im alltäglichen Sprachgebrauch meist etwas flapsig gebrauch-
ten Begriff mit gründlich ausgearbeiteten Konzepten auf eine
solide theoretische Basis gestellt (vgl. Schulze 1995, Hitzler u. a.
2001). Schulze hat in den frühen 1990er Jahren bezogen auf
die Gesamtbevölkerung kulturelle Milieus erstmals detailliert
als Szenen beschrieben. Hitzler hat mit der Dortmunder Szeneforschung den Szene-Ansatz dann etwas zeitversetzt in der
Jugendkulturdebatte verankert. Heute ist der Begriff „jugendkulturelle Szene" in der Jugendsoziologie ebenso gebräuchlich
wie der ältere Begriff „Jugendkultur".

In den Szenen bilden gemeinsame Themen, gemeinsame Ge-
schmackspräferenzen, aber auch gemeinsame Treffpunkte und
Aktivitäten sowie ein ähnliches Lebensgefühl den sozialen
Kitt. Szenen sind im Grunde nichts anderes als kulturelle Netz-
werke, die überregional wirken und von überall her Gleichge-
sinnte und Gleichgestylte in eine imaginäre jugendkulturelle
Gemeinschaft aufnehmen. Ein Skateboarder in Wien und ein
Skateboarder in New York haben mit hoher Wahrscheinlichkeit mehr miteinander gemeinsam als ein Skater und ein Jugendlicher aus der Techno-Szene, die beide in Wien leben, so
sagt man in der Jugendkulturforschung. Das Beispiel mag zwar
mittlerweile bereits etwas abgenutzt klingen, aber es bringt
die Sache doch recht anschaulich auf den Punkt. Die beiden
Skater verbindet, ungeachtet der Tatsache, dass sie an weit ent-
fernten Orten leben, ein gemeinsamer jugendkultureller Stil,
der Skater und der Techno-Jugendliche bewohnen, auch wenn
sie in derselben Stadt zuhause sind, hingegen unterschiedliche
kulturelle Welten.

Szenen treten nach außen wie nach innen als Stilgruppen, die sich von anderen Stilgruppen klar abheben, in Erscheinung. Im Stil objektiviert sich das Selbstbild der Gruppe. Selbst der unbedarfteste Beobachter erkennt das meist gleich auf den ersten Blick. Da der Stil als Erkennungscode funktioniert, ist Außenwirkung wichtig. In den Szenen geht es demnach häufig um Äußerlichkeiten. Doch die Szene-Jugend sieht darin nichts Schlechtes. Es ist vielmehr sehr praktisch, wie Jessicas Freund Patrick erklärt: „So kannst du dich auf einen Blick orientieren, wer ungefähr die gleichen Interessen hat. Wenn du dir ansiehst, wie einer aussieht, weißt du meistens auch, welche Musik er hört: Zumindest sehe ich, ob er meine Musik hört oder eben nicht."

Als Grundregel gilt: Diejenigen, die den Szene-Code kennen, das für die betreffende Szene typische Stilensemble richtig interpretieren und es kompetent zur Anwendung bringen, sind Teil der Gemeinschaft. „Wichtig ist nur, dass du das, was die Szene ausmacht, halt möglichst präsentierst – nach außen und nach innen", sagt Patrick. Das gilt nicht nur für HipHop, sondern auch für alle anderen Szenen. Wenn du in der Snowboarder-Szene bist, musst du nicht unbedingt einen Backflip können, aber du solltest wissen, was Backflip heißt, nämlich Rückwärtssalto, und dir sollten die wichtigsten Szenemarken wie „Burton", „Volcom" oder „Billabong" bekannt sein. Möglicherweise wirst du sie auch selbst tragen, jedenfalls wirst du nicht wie ein Fascho-Skin mit Springerstiefeln und Bomberjacke herumlaufen. Und wenn du Gothic bist, mit deinem Totenkopf-Tattoo und schwarzem Ledermantel auf der dunklen Seite des Lebens stehst, am liebsten Musik von *In Extremo* hörst und alljährlich zum Wave-Gotik-Treffen, kurz: WGT, nach Leipzig fährst, wirst du am Wochenende nicht mit schick gekleideten, smarten Party-Menschen auf ein DJ-Event mit David Guetta gehen. Die Gesetzmäßigkeiten des Stils sind im Grunde einfach, doch sie gelten strikt. Jede Szene hat ihre eigenen Regeln. Und an die muss man sich halten, sonst ist man nicht wirklich mit im Spiel. Gelernt werden diese Regeln übrigens meistens hautnah an der jugendkulturellen Praxis derer, die bereits Teil der Szene sind und den Szene-Code leben. Was zunächst noch ein „learning by viewing" ist, wird später zu einem „learning by doing" und irgendwann gehört man dann selbst richtig dazu; die Soziologie spricht hier von „stummer Weitergabe durch Teilnahme an Praktiken" (Schmidt 2012: 215).

Der Weg in die Szene führt oft über Freunde und charismatische Leute aus dem persönlichen Umfeld, aber auch über die Frage „Welche Szene passt am besten zu mir?". Bei Flo ist das beispielsweise der Fall. Flo ist Emo, und zwar unverkennbar. Sein Haar hängt tief in die Stirn und verdeckt ein Auge fast gänzlich. Mehrere Piercings schmücken die Augenbrauen und Ohren. Die schwarzen Röhrenjeans, die er trägt, lassen ihn mager und zerbrechlich aussehen. Nur die roten Turnschuhe – es sind „Converse" – lenken von einem Style, der verdammt nach Teenage-Angst riecht, ab. Emo ist eine Szene für selbst ernannte Außenseiter. Emos machen – eher unzeitgemäß – nicht auf „tough", sondern geben sich gefühlsbetont. Sie finden die Welt, in der sie heranwachsen, irgendwie traurig und zeigen das auch. In der öffentlichen Debatte, die Erwachsene führen, werden Emos gerne als Problemgruppe dargestellt. Die Szene verleite Jugendliche zum „Ritzen" – das ist eine spezielle Form der Selbstverletzung, die vor allem im Jugendalter auftritt und bei der sich Betroffene mit Messern, Rasierklingen und Ähnlichem an den Armen, Beinen oder am Bauch Schnittwunden zufügen; in den Klischeebildern der Erwachsenen ist „Ritzen" eng mit dem traurig anmutenden Emo-Lifestyle verknüpft (übrigens zu unrecht, wie die Emos betonen). Abgesehen davon seien Emos mit ihrer depressiven Grundstimmung und Perspektivlosigkeit für andere Jugendliche grundsätzlich ein schlechtes Vorbild, so heißt es. In der Kultur der Altersgleichen sieht man die Sache erwartungsgemäß entspannter. Der Weltschmerz der Emos wird von den meisten nur belächelt. Emo-Witze machen die Runde, beispielsweise: „Wie nennt man Kondome für Emos? – Weingummis!" oder „Wieso sind Emos ab 12 Uhr nicht mehr in Kneipen anzutreffen? – Weil dann die Happy Hour beginnt!" (vgl. Büsser 2011: 201). Flo weiß das, doch es ist ihm egal. Er steht zu seiner Szene. Er sagt, er sei immer schon ein bisschen anders gewesen, und er will auch nicht so wie die anderen sein. Ob er wohl jemals herausfinden wird, *wer* er eigentlich ist, ist eine Frage, die ihn derzeit gerade sehr beschäftigt. Von der „Welt da draußen" fühlt er sich jedenfalls missverstanden. Warum er bei Emo gelandet ist? Die Sache ist für ihn schnell erklärt: „Ich würde nicht sagen, dass die Emo-Szene cooler ist als andere Szenen, aber sie passt einfach besser für mich." Mehr an Erläuterung erübrigt sich.

Im Teenageralter fühlen sich heute übrigens zwischen siebzig und achtzig Prozent der Jugendlichen einer populären Jugendszene zugehörig (Institut für Jugendkulturforschung 2012c: 25f, Institut für Jugendkulturforschung 2011a: 8), oft identifizieren sie sich auch mit mehreren Szenen. Gemessen an der von Jugendlichen deklarierten Zugehörigkeit, zählen die Computerszene, Fitness, Rock und Metal, Fußball, HipHop, House, Techno, Snowboard und Skateboard zu den populärsten Jugendszenen. Und entgegen der landläufigen Meinung, dass jugendkulturelle Szenen Eintagsfliegen seien und jugendkulturelle Trends so schnell gehen, wie sie kommen, prägen viele dieser Szenen auch bereits seit etlichen Jahren, wenn nicht

Jahrzehnten, das Bild der Jugendkultur. Politik spielt in der Szenekultur der Gegenwart kaum eine Rolle. Und auch jugendkulturelle Massenbewegungen sucht man vergebens. Die Jugendkultur ist kleinteilig geworden. Und sie ist vielfältiger und vielleicht auch um einiges widersprüchlicher als früher.

Szenen, so wie wir sie heute beobachten, funktionieren als Mikrowelten. Jede Szene ermöglicht eine spezielle Lesart der Wirklichkeit und stellt die im Alltag gemachten Erfahrungen in einen anderen Deutungsrahmen. Jeder Style stimuliert auf eine spezielle Art und Weise die kulturelle Selbstdefinition. Es ist ein wenig so, als lebte jede Szene für sich in ihrer eigenen jugendkulturellen Blase. Und die Zahl dieser Blasen ist groß, so dass es alles andere als einfach ist, sich einen Überblick zu verschaffen. Vielleicht noch schwieriger ist aber, die Vielfalt der Stilgruppen und Szenen, die die Jugendkulturlandschaft der Gegenwart prägen, in eine systematische Ordnung zu bringen.

## Die Vielfalt der Stilgruppen in Schubladen zu ordnen, ist schwierig

Auf den ersten Blick scheint es sich anzubieten, Szenen nach Themen zu sortieren: beispielsweise „Musik", „Sport", „Computer" und „Abgrenzung von der Mehrheitsgesellschaft". Doch es zeigt sich schnell, dass das, was in einen Thementopf gehört, kulturell kaum vergleichbar ist. Kein Wunder, denn jede Szene hat einen eigenen, distinkten Stil. Nehmen wir beispielsweise die Musikszenen. Da gibt es Szenen, bei denen es um Musik zum Zuhören geht – als Beispiel wäre die Metal-Szene zu nennen. Es gibt Szenen, wo Party und demnach Musik zum Tanzen im Vordergrund stehen – das ist die bunte Welt der „Electronic Dance Music", kurz: EDM. Und es gibt Szenen wie

HipHop, die Raum bieten, um selbst etwas zu machen, im Falle von HipHop beispielsweise rappen oder beatboxen. Drei unterschiedliche Zugänge zu Musik, die auch mit unterschiedlichen Lifestyles einhergehen.

HipHop ist eine Kultur der Straße. Das Lebensmotto der HipHopper lautet: „Do the right thing, but hang loose". Locker ist daher auch ihre Kleidung. Weite T-Shirts und Hosen zeichnen den klassischen Dresscode der HipHopper aus. „Wenn du in der HipHop-Szene bist und rappst, kannst du eben nicht wie ein Emo aussehen", sagt Stefan, der selbst seit dreieinhalb Jahren semi-professionell rappt, „du musst einfach Stil beweisen." Das heißt nicht, dass Jugendliche aus der HipHop-Szene als Abziehbilder von kommerziell erfolgreichen Rappern wie 50 Cent oder Ice Cube herumlaufen müssen, aber was sie tragen, muss nach „Streetstyle" aussehen. Stefan ist bei den Schuhen „ein echter Snob", das gibt er offen zu. Da müssen es „Nike" oder „Adidas" sein. Dazu trägt er weite T-Shirts, Base-Caps, und Jogginghosen – gerne auch No-Names. Wichtiger als die Klamotten ist ihm ohnehin, wofür HipHop steht: „Realness", „Competition" und „Respect". Er sieht in diesen drei Schlagworten die Kernwerte seiner Szene gebunden. Sie sind fester Bestandteil des HipHop-Kosmos, in dem er sich bewegt. Stefan hat, so wie die anderen Leute aus seiner Szene, den Anspruch, „sein eigenes Ding zu machen", und zwar entlang der Themen, die ihn im Alltag beschäftigen. Und er weiß: Wer das tut, hat „Street Credibility", sprich: hohe Glaubwürdigkeit.

Die kulturelle Welt der „Electronic Dance Music", zu der neben House und diversen kleinen und avantgardistischen Nischen der Club-Kultur auch Techno gehört, funktioniert hingegen gänzlich anders. Für „Realness" interessiert sich hier niemand, hier ist „Dancefloor Madness" angesagt: das heißt, Party machen und Abtanzen bis zum Umfallen. Abseits der urbanen Trendsettermilieus, die der „Club Culture" ein Gesicht geben, ist die EDM-Szene zu einem jugendkulturellen Allgemeingut geworden und unter den jungen „Party People" tummeln sich viele, die nicht schrille Ausnahmeexistenzen, sondern eher solider Mainstream sind. Mit der Rave-Kultur der frühen Stunde hat dies nicht mehr allzu viel gemeinsam. Nur die Begeisterung dafür, sich mit elektronischem Sound, Stroboskop und der passenden Droge aus dem Alltag herauskatapultieren zu lassen, die ist geblieben. Heute, wo „Dance Music" über weite Bereiche zu Popmusik geworden ist (*Rolling Stone* July 2012: 45), punkten DJs mit dem Wissen, wie man auch Durchschnittsmenschen auf eine Reise mitnimmt. „Das Publikum möchte überrascht werden und das Unerwartete erwarten", weiß DJ Oliver Koletzki (*FAZEmag* 8/2012: 12). Und in Zeiten der Krise läuft das Ganze vielleicht mehr denn je unter dem Motto: „Die Disco rettet die Jugend vor der Welt" (Piegsa 2010: 18).

Ganz anders wiederum die Metal-Szene. Hier pfeift man auf bunte Fröhlichkeit, Party und DJ-Pult. Hier hämmert das Schlagzeug und es dröhnen die Gitarren. Das Publikum tanzt nicht ab, sondern hört headbangend zu. Abgrenzung gegenüber der smarten Welt des elektronischen Dancefloor tritt energiegeladen und erdig in Erscheinung. Das zieht vor allem die nicht-urbane Jugend magisch an. „Metaler" trinken Bier und nicht irgendwelche schicken Cocktails und meiden alles, was bunt und smart daherkommt. Ihre Grundfarbe ist schwarz. Wer sich in der Szene farbig kleidet, wird mit an hundert Prozent grenzender Wahrscheinlichkeit schräg angesehen. Metal ist ein Statement gegen die Welt der selbst ernannten Positivdenker und Erfolgsmenschen. Wer will, findet hier das

Magische oder auch die dunklen, bösen Seiten des Lebens. Der dröhnende Sound mag für viele vielleicht eine Möglichkeit sein, den Lärm und das Chaos im eigenen Kopf zu übertönen. Im Zweifelsfall setzen „Metaler" jedenfalls eher auf Wut als auf unverbindlichen Spaß. Dass in ihrer Welt vieles nur Inszenierung ist, spielt keine Rolle. In Zeiten, in denen bereits dreizehnjährige Kids Fotos von sich am Computer nachbearbeiten, bevor sie sie auf Facebook online stellen, ist Metal zumindest für echte „Metalheads" einer der wenigen ehrlichen und noch authentischen Styles.

Das sind nur drei Beispiele aus der Themenschublade „Musik". Und doch zeigen sie deutlich, wie Szenen funktionieren: nämlich als jugendkulturelle Sonderwelten mit klaren, unverwechselbaren Profilen. Bei den Sportszenen ist das nicht anders. Während in der Fußballszene die traditionelle Fankultur lebt, mixen die Freestyle-Szenen, also beispielsweise Snowboard, Skateboard, Freeskiing oder auch Parkour und Freerunning, frei nach dem Motto „Dein Körper ist ein Labor, kein Heiligtum" extreme und teils eher riskante Körperpraxen mit einer an Spaß und Party orientierten Erlebnisphilosophie. In der boomenden Fitness- wie auch in der Beachvolleyball-Szene regiert indessen der Kult vom schönen Körper. Auch in der Themenrubrik „Abgrenzung von der Mehrheitsgesellschaft" sucht man vergeblich nach Homogenität. Bei den weltanschaulich positionierten Jugendszenen wie Ökos, Indies, Streetpunks, Fascho-Skins oder Autonomen Nationalisten ist das letztlich naheliegend: Zum Teil stoßen sich die Szenen ideologisch ab (als Beispiel wären Fascho-Skins und Streetpunks zu nennen), zum Teil beschreiten sie aber auch innerhalb eines gemeinsamen Weltanschauungshorizonts unterschiedliche Wege und entwickeln mit ihren „Style Politics" unverwechselbare

Konturen (beispielsweise Ökos und Indies). Und ganz ähnlich ist das bei all jenen Szenen, in denen es nicht um Politik, sondern „nur" um Abgrenzung vom Massengeschmack und von der normierten Ästhetik der Mehrheitsgesellschaft geht, wie bei den Gothics, Emos und, wenn auch mit gänzlich anderer Akzentsetzung, bei den Hipstern. Überall hier entsteht Identität aus lebensstilistischer Differenz. Und diese wird nahezu immer über Äußerlichkeiten an die Umwelt kommuniziert. Nur in der Computerszene spielt Aussehen ausnahmsweise keine große Rolle.

Die Gamer definieren sich vorrangig über spielerische Geschicklichkeit („Skills"). Richtungsentscheidungen werden über technische Standards und bevorzugte Spieleplattformen markiert, nicht über den Look. Für Online-Rollenspieler wie Thomas gilt etwa: „Ein echter Gamer spielt nicht auf der Konsole, sondern am PC." Passionierte Gamer inszenieren sich gerne als Experten ihres Genres. Und sie haben natürlich auch ihr eigenes Vokabular, um das, was in ihrer kulturellen Welt zählt, angemessen in Worte zu fassen. Sie sprechen beispielsweise von „Skillen" und meinen damit das gezielte Steigern von Fähigkeiten der eigenen Spielfigur, oder verwenden „Leveln" für gezieltes Steigern des Levels der eigenen Spielfigur und „Raiden" für das gemeinsame Erreichen bestimmter Levels bzw. das gemeinsame Bewältigen von Aufgaben. Nicht-Gamer bleiben in diesem Sprachkosmos leicht außen vor. Das macht aber nichts, denn für das, was außerhalb der Szene abgeht, interessieren sich ohnehin nicht viele. Wichtiger ist, was drinnen in der Szene passiert.

Für Außenstehende ist und bleibt die Sache also unübersichtlich. Und für Szene-Jugendliche machen Systematisierungsversuche ohnehin wenig Sinn – nicht nur, weil sie sich nicht gerne

in Schubladen stecken lassen, sondern auch, weil sie Jugendkulturen weniger als fest umrissene Territorien, sondern eher
als Möglichkeitsräume mit fluiden Grenzen sehen. Viele sind
gleichzeitig in mehreren Szenen aktiv. Sie leben ihr jugend-
kulturelles Leben in Form von Mehrfachzugehörigkeiten und
„Code Switching". Das geht problemlos, sofern sich im „Style"
oder in der „Attitude" eine Schnittstelle zwischen den Stilgruppen finden lässt. HipHop und Parkour passen so etwa prima
zusammen, beide sind prototypische Ausdrucksformen von
„Streetstyle". Auch die Kombination von Streetpunk und „FC
St. Pauli"-Fußballfanszene ist stimmig, zumal hier der linke,
systemkritische Lifestyle Bindeglied ist. Und es ließen sich
viele weitere Beispiele nennen. Abgesehen davon praktizieren
Szene-Jugendliche oft auch einen Wechsel zwischen mehreren
Szenen ihrer Wahl. Bei den Sportszenen ist beispielsweise ein
saisonaler Rhythmus naheliegend: von der Skateboard-Szene
in der warmen Jahreszeit in die Snowboard-Szene im Winter,
sprich: vom Sommerbrettsport zum Winterbrettsport – kein
Problem, denn es ist und bleibt „Freestyle". Aber auch ein Switchen zwischen den jugendkulturellen Codes ist möglich, solange sich auf der Lifestyle-Ebene ein kleinster gemeinsamer
Nenner finden lässt.

Candice pendelt so etwa zwischen der Reggae- und der Goa-
Szene. Die eine Szene ist wochentags ihre jugendkulturelle
Heimat, die andere am Wochenende. „Unter der Woche höre
ich gerne Reggae: Das ist so chillig – man kann so schön durch
den Tag gehen … Aber, wenn ich am Wochenende fortgehen
will, brauche ich eine wirklich fetzige Goa-Party: Das macht
dann wirklich Spaß. Goa ist irgendwie magisch: Das ist der Abschluss der Woche, die Woche endet mit einem fetten Knall",
sagt Candice. Auch wenn Reggae und Goa dem ersten Anschein

nach nicht viel gemeinsam haben – bei Reggae denkt man an Bob Marley und bekifftes Chillen, bei Goa hingegen eher an einen psychedelisch durchsetzten Party-Exzess –, Candice hat für sich persönlich eine Schnittstelle gefunden: „Bei Goa und Reggae ist es eben so: Da schaust du, dass es den Menschen und deiner Umgebung gut geht. Da geht es um das Innere des Menschen und, dass der Mensch Teil der Natur ist. In anderen Szenen geht es ums Aussehen und darum, ob du wohlhabend bist." Beide Szenen stehen für sie im Zeichen der Harmonie zwischen den Menschen und der Natur und gehen zu simplem Materialismus auf Distanz. Und das genügt als Bindeglied. Wie man am Beispiel von Candice sieht, ist im Bereich jugendkultureller Identitäten vieles möglich – auch im wilden Mix, solange es für diejenigen, die mixen, stimmig ist. So funktioniert das Leben in den Szenen also, und das bereits seit geraumer Zeit.

Rückblickend muss man sagen: Die 1990er brachten den Durchbruch der Szenen. Inspiriert von der US-amerikanischen Musikkultur, gewannen HipHop und Grunge, aber auch Freestyle-Sportarten wie Skaten und Snowboarden an Bedeutung. Zugleich zog Techno die Blicke der Öffentlichkeit auf sich. Und plötzlich redeten alle von Szenen. Für Jugendliche wurde es nun zunehmend uncool, einfach nur Fan irgendeiner Musikgruppe zu sein. Wer wirklich etwas auf sich hielt, trat aus der Publikumsrolle heraus, suchte sich einen schrillen Lifestyle und wurde fortan zum „Selfperformer". Sogar im Alternative-Rock dröhnte *Garbage*-Frontfrau Shirley Manson nun die Botschaft „Destroy your idols, create a scene" ins Mikrophon. Das Jugendmarketing zog schnell mit und verpasste den Szenen gleich auch noch einen ordentlichen kommerziellen „Spin". Seit der Entdeckung des „Teenager Consumer" Mitte des 20. Jahrhunderts hatte man sich bereits verschiedenster Methoden der Marktforschung und Marktbeobachtung bedient, um das Wissen über junge Zielgruppen zu verbessern. Nun entdeckte man die „Trendscouts": Junge Leute sollten in den Alltag der Szene-Jugend eintauchen und sie dort in allem, was sie taten, beobachten. Auf diese Art und Weise wollte man ihre Vorlieben und Ticks kennen lernen, aber auch kreative Ideen ausspähen und sich für die Produktentwicklung und Produktkommunikation interessante Ansätze abschauen.

Damals galten Szene-Jugendliche noch als ultimative Trendsetter. Heute sind sie in Deutschland wie auch in Österreich zu einem Breitenphänomen geworden und der Jugendfreizeitmarkt hat gelernt, den breiten Mainstream der jungen Lifestyle-Consumer gezielt zu bedienen. Kommerzielle Erlebnisangebote boomen. Großveranstaltungen, bei denen so richtig etwas los ist und das Publikum die Sau rauslassen kann, sind zu Fixgrößen des Jugendfreizeitmarktes geworden. Ob Rock oder Electronic Dance Music, ob Snowboard oder Gothic – die Jugendfreizeitforschung spricht von einem Trend zum Event. Da das Leben manchmal ganz schön hart sein kann, sucht die Jugend ab und an nach einem aus dem schnöden Alltag steil herausragenden Abenteuer. Alljährlich machen zig tausende jugendkulturorientierte Jugendliche das, was sie sonst im Urlaub kaum mehr tun: Sie verzichten auf ein bequemes Bett, fließendes Wasser und Strom, campieren bei „Rock am Ring", „Frequency", „Sunsplash" und Co. in kleinen Zwei- und Viermannzelten unter freiem Himmel und haben dabei ihren Spaß. So tickt die heutige Jugend und der Event- und Festivaltourismus lebt vor allem in den Sommermonaten gut davon. Doch nicht nur, was ultimative Erlebnisangebote betrifft, versorgt das Jugendmarketing die Jugend heute mit allerlei schönen Dingen.

## „Ich liebe mein iPhone": Jugendkulturen am Markentrip?

Ghökan liebt sein Handy. Es ist natürlich nicht irgendein Handy, sondern ein „iPhone". Das „iPhone" ist eine Kult- und Prestige-marke – auch und gerade bei Jugendlichen. Wie fast allem von „Apple", haften dem „iPhone" lauter attraktive Eigenschaften an. Es ist schön im Design. Es ist top in der Funktionalität. Und es ist der Konkurrenz immer um eine Nasenlänge voraus. Das „iPhone" punktet als Technologie-Trendsetter-Marke. Und es lockt mit dem Markenversprechen, dass sich sein cooles Image auf die Nutzer und Nutzerinnen überträgt. Für den innova-tionsorientierten Menschen mit avanciertem Geschmack ist es damit heute zu etwas nahezu Unverzichtbarem geworden. Kein Wunder also, dass auch Ghökan nach dem „iPhone" richtig süchtig ist. „Damals, als es auf den Markt gekommen ist, habe ich mir iPhone 3G gekauft. Seitdem kaufe ich mir nur noch iPhone", erzählt er. „Das nächste iPhone kommt bald raus und ich bin einer der ersten Kunden, der das kaufen wird. Da bin ich mir sicher." Bei Ghökan ist die Faszination für die Marke unüberhörbar. Und so wie er sind viele. Was für das Handy gilt, gilt natürlich auch für andere Dinge des Alltags. Marken schaf-fen Träume und der käufliche Lifestyle ist normal geworden.

Die heutige Jugend ist in eine Konsumgesellschaft hineinge-boren. Marken sind seit dem Kleinkindalter fester Bestandteil ihrer Alltagskulturen. Bereits in jungen Jahren hat sie gelernt, Markenbotschaften zu lesen und Markenimages als Spielfi-guren in der Auseinandersetzung mit sich selbst zu nutzen. Marken sind deshalb so attraktiv, weil sie ein assoziatives Feld von Eigenschaften auftun und damit eine ästhetische und so-ziale Welt herstellen, an der der Markenkonsument allein da-durch, dass er die Marke konsumiert, teilhaben kann (Stauffer

2009: 49). Nehmen wir „Freestyle" als Beispiel. Freestyle-Sport-arten wie Snowboarden, Skateboarden oder Freeskiing stehen für Freiheit, Abenteuerlust, aber auch für Risikobereitschaft und Anders-Sein. Sie haben den Jugendsport aus der traditions-verbundenen und durch klare Vorgaben und Trainingspläne geregelten Welt der Sportvereine heraustreten lassen. Freesty-ler sind Individualisten. Eigene Regeln formulieren und sich an die eigenen Grenzen herantasten, ist das, was für sie zählt. Die „Pros", also Profi-Freestyler, die von ihren Sponsoren großzü-gig ausgestattet werden, sind nicht nur sportliche Leitbilder der Szene, sondern auch wandelnde Werbeträger für Freestyle als Lifestyle. Und sie promoten diejenigen Marken, die diesen Life-style erfolgreich in die Welt tragen. Die Botschaft ist unmiss-verständlich: Coole Szenemarken werden von coolen Leuten getragen und liefern zum coolem Lebensgefühl der Freestyler den passenden Look. Jeder, der sie trägt, hat eine Eintrittskarte zu dieser Welt und kann zumindest gefühlsmäßig am Leben der Freestyler teilhaben.

Nun sind nicht alle Jugendszenen gleich markenorientiert. Es gibt auch Szenen, die sich deutlich markenkritischer geben. Sie akzeptieren meist nur wenige ausgewählte Marken. Aber auch sie haben *ihre* Marken, über die sie sich definieren. In der Indie- und Alternative-Szene trägt man beispielsweise „Con-verse", Sneakers von „Nike" sind angesichts der zahlreichen Negativschlagzeilen zu Kinderarbeit, ausbeuterischen Beschäf-tigungsverhältnissen und diversen Missständen in Zulieferbe-trieben hingegen ein „No-Go". In Sachen Oberbekleidung sieht man hier häufig T-Shirts mit origineller Grafik oder ironischen Sprüchen, die oft in semi-professionellem „Do it yourself"-Ver-fahren hergestellt wurden und meist nur in kleinen Szene-Lä-den zu haben sind. Dazu kommen Taschen des Designer-Labels

„Freitag", einer Marke, die mit recycelten Materialien arbeitet. Freitag-Taschen werden aus ausgedienten LKW-Planen gefertigt – Materialien, die, wie man auf der Homepage des Schweizer Kult-Labels nachlesen kann, ihr erstes Leben auf der Straße verbrachten. Es scheint also so, als hätte jede Freitag-Tasche ihre eigene Geschichte. Auch das macht sie, abgesehen vom Recyling-Gedanken, irgendwie cool. Die Erfolgsgeschichte von Freitag begann bereits 1993, als die beiden Grafikdesigner und Brüder Markus und Daniel Freitag an einem Entwurf für eine belastbare, funktionelle und wasserabweisende Tasche, mit der man auch bei Regenwetter auf dem Rad durch Zürich fahren konnte, tüftelten. „Inspiriert vom bunten Schwerverkehr, der direkt vor ihrer Wohnung über die Zürcher Transitachse brummte, schneiderten sie aus einer alten Lastwagenplane eine Kuriertasche. Als Tragegurt benutzten sie gebrauchte Autogurte, als Einfassung diente ein alter Fahrradschlauch", so erzählt die Marke Freitag ihre eigene Geschichte (www.freitag.ch, Zugriff am 10.9.2013). Heute ist Freitag zu einem soliden Mittelbetrieb herangewachsen. Freitag verkauft in die ganze Welt und gilt vor allem in jenen Zonen der Jugendkultur, die dem Massenkonsum kritisch gegenüberstehen, als Kult. Viele finden die Freitag-Taschen zwar überteuert aber dennoch öffnen sie ihre Geldbörsen für die begehrte Marke.

Eine hundertprozentige „Ich scheiß' auf Marken"-Haltung findet man selten – zumindest in den mehrheitsfähigen Zonen der Jugendkultur. Fündig wird man meist erst, wenn man den Blick etwas weiter schweifen lässt, etwa in linksautonome Nischen. Dort trifft man Leute wie Rapha, Sänger der deutschen Punk-Band *Alarmstufe Gerd*. Er findet Klamotten grundsätzlich überbewertet. „Ich kaufe mir nur in den seltensten Fällen neue Klamotten", erzählt er im Interview mit dem *Ox-Fanzine*,

„was zur Folge hat, dass ich meistens die alten Sachen von meinem Vater auftrage oder Second-Hand-Läden ausnehme, die billigen der Diakonie, oder Sachen finde. Die sind dann meistens nicht so Punk, aber im besten Fall warm. Außerdem finde ich es langweilig, wenn alle gleich aussehen. Mir schwebt gerade dieses Klischee vom Crust-Konzert vor Augen, alle in schwarzen Klamotten und Patches, eine Mütze auf'm Kopf, wo zwei bis drei Dreadlocks rausschauen. Da hätte ich auch gleich zur Marine gehen können" (*Ox-Fanzine* 4/5/2011: 46). Für ihn gilt wohl: Wer jugendkulturelle Dresscodes zu ernst nimmt, schlüpft in eine Uniform. Doch so denken heute nicht viele.

Vor allem bei den Jüngeren, bei zwölf-, dreizehn- oder vierzehnjährigen Kids, die an der biographischen Schwelle zwischen Kindheit und Jugend stehen, lässt sich eine oft verblüffend starke Orientierung an Jugendmarken beobachten. Jugendkulturorientierter Konsum ist gerade in dieser Phase eine Möglichkeit, anderen anzuzeigen, dass man die Selbstdefinition als Jugendlicher für sich persönlich bereits vollzogen hat. Spätestens dann, wenn die Kids das von Mama gekaufte Benetton-Blouson verweigern und gegen coole Skater-Marken austauschen, adressieren sie eine unmissverständliche Botschaft an die Eltern: „Ich bin jetzt kein Kind mehr – nehmt das doch bitte einfach mal zur Kenntnis!" Jugendkulturelle Styles dienen hier also als „Social Marker", um auf das selbst gesetzte Ende der Kindheit aufmerksam zu machen. Mit fünfzehn, sechzehn oder siebzehn geben Szenemarken dann Auskunft darüber, wo Jugendliche jugendkulturell gerade stehen bzw. wo sie gerne dazu gehören würden. Jungs sind dabei übrigens meist deutlich markenfixierter als Mädchen. Und Jugendliche aus sozial schwächeren Milieus geben sich besonders markenaffin.

Die öffentliche Debatte begegnet den Konsumkulturen Jugendlicher, wie man weiß, generell kritisch: vor allem dann, wenn sich junge Menschen aus wirtschaftlich schwächeren Milieus, die sich teure Markenangebote eigentlich gar nicht leisten können, selbstbewusst als „Helden des Konsums" präsentieren. Diejenigen, die kein Geld haben, sollten auch keines ausgeben, und die, die wenig haben, sollten es nicht für oberflächlichen Markenkram, sondern für vernünftige Dinge verwenden, so wird häufig argumentiert. Was hingegen meist zu fragen verabsäumt wird, ist, warum gerade diese Jugendlichen, die sich das eigentlich nicht leisten können, ihr Glück in teuren Konsumartikeln suchen. Nina kann uns das erklären. Nina ist siebzehn und ihre Zukunftsaussichten scheinen aus derzeitiger Sicht nicht allzu rosig. Bereits vor einigen Monaten hat sie die Schule abgebrochen. Nun ist sie auf der Suche nach einem Ausbildungsplatz und überhaupt einmal „am Schauen, was wird". Ihre Wochenenden verbringt sie in Großraumdiscos. Jugendkulturell definiert sie sich als „Styler". Manche sagen dazu „Tecktonik". Andere nennen sich in Anspielung auf die im österreichischen Privat-TV laufende Reality-Soap *Saturday Night Fever – So feiert Österreichs Jugend* halb im Ernst, halb im Spaß auch „Prolet". Sei es, wie es sei, die jugendkulturelle Welt, in der sich Nina bewegt, ist jedenfalls ein Auffangbecken für die partyfeiernde Unterschichtjugend ohne große Perspektiven. Zum Interview kommt Nina im sexy Look: mit kurzem Kleid und tiefem Dekolleté. Sie fragt, ob sie rauchen darf, und zündet sich, als ich nicke, gleich eine Zigarette an. Es ist eine Marlboro. Sie findet „Billigmarken" wie „Smart" unerträglich. Und auch bei den Klamotten schlägt ihr Herz für Höherpreisiges. Sie erklärt bereitwillig den Hintergrund: „Teuer ist in der Szene angesagt. Warum? Ich glaube, damit man sich beweisen kann: Damit man beachtet wird. Es ist einfach gut, wenn du in die

Disco hineingehst und da sagt einer: Bam oida, das is a Styler."
Für Nina ist Style offenbar eine der wenigen Möglichkeiten,
Aufmerksamkeit zu erzeugen und sich Anerkennung zu holen.
Deshalb legt sie wohl auch so viel Wert auf ihren perfekten
Body, sexy Outfit und teure Marken. Sie mag in Mathe und
Englisch eine Niete sein, im Fach „Mit Konsum zum persön-
lichen Erfolg" würde sie aber zweifelsohne brillieren. Die Logik
ist einfach: Hat eine Marke im sozialen Umfeld Prestige, über-
trägt sich das prestigeträchtige Image auf den Konsumenten
und die Konsumentin. Ab da gilt die Frommsche Formel „Ich
bin, was ich habe und was ich konsumiere" (Fromm 2011: 43).
Nina hat das begriffen. Und sie hat noch etwas anderes gelernt:
Wer gut aussieht, darf sich auch gut fühlen.

## „Ab in die Mucki-Bude": Körperbilder im Wandel

Gut aussehen gilt in unserer Gesellschaft als Schlüssel zum
Erfolg. Man muss sich nur ein wenig umsehen: in der Politik,
in den Medien und auch im Berufsleben. Dicke Menschen sind
wenig gefragt. Und dasselbe gilt für Leute, die alt wirken. Der
fitte junge Körper liegt im Trend. Und so eifern immer mehr
Menschen, die bereits in der Mitte ihres Lebens stehen, dem
Wert der Jugendlichkeit hinterher – mit trendigem Styling, eigenem Facebook-Profil und einer hübsch designten Tube Anti-
Faltencreme. Selbst Ruheständler sind heute nicht mehr einfach nur Senioren, sondern „Best Agers", die hart daran arbeiten, möglichst lange frisch zu bleiben. Und die Jungen machen
mit, so als würden sie sich denken: Man kann nicht früh genug
damit beginnen.

Wer jung, fesch und fit ist, hat es im Leben leichter, so heißt es.
Und dass da durchaus etwas dran ist, führt die Erwachsenenwelt

den Jugendlichen tagtäglich vor. Kein Wunder also, wenn viele junge Leute auf einen „guten Körper", wie sie es nennen, großen Wert legen. Folgt man der deklarierten Szenezugehörigkeit, ist die Fitness-Szene eine der größten Jugendszenen der Gegenwart. Jugendliche aus den Bildungsschichten machen regelmäßig Lauftraining in freier Natur oder korrigieren zu häufige Besuche bei Mc Donald's in gediegenen Fitness-Studios. Junge Menschen aus den unteren sozialen Schichten gehen in die „Mucki-Bude", um Muskeln aufzubauen, ihre Körper zu trimmen und, sofern Zeit bleibt, im Anschluss daran noch einen Besuch im Solarium anzuhängen. Zum besseren Verständnis: „Mucki-Bude" steht für Muskel-Bude und ist ein vor allem in Ostösterreich gebräuchlicher Begriff für einen Typus des Fitness-Studios, der nicht auf körperlichen Ausgleich durch Aktivierung des Bewegungsapparates zielt, sondern gezieltes Auftrainieren von Muskelmasse zum Ideal erhebt.

Das Training gibt den Fitnessjüngern das Gefühl, sich auf den täglichen Kampf um Aufmerksamkeit und Anerkennung gut vorzubereiten, und es bietet ihnen zugleich wohl auch die Möglichkeit, die Lasten des Alltags abzuschütteln. In urbanen Zentren bieten Fitness-Studios mit Blick auf die oft sehr spontan agierenden jungen Zielgruppen heute zum Teil bereits Rundum-die-Uhr-Betrieb. Der beim jugendlichen Publikum beliebte Fitnessanbieter „McFIT" wirbt in Deutschland und Österreich beispielsweise mit einer Öffnungszeit von vierundzwanzig Stunden und zwar ganze 365 Tage im Jahr. Die einen kommen morgens, die anderen tagsüber, viele abends und so mancher auch nachts. Fitnessbegeisterte Teenager sehen in mitternächtlichen Fitness-Studio-Besuchen ein ideales Mittel gegen Einschlafstörungen. „Wenn du abends im Bett liegst und nicht einschlafen kannst, dann zieh' dich doch einfach an und geh' für zwei Stunden ins Fitness-Center. Gegen zwei Uhr früh bist du wieder zuhause. Und dann schläfst du sicher", so ihr Rat für all jene, denen es ähnlich geht.

Das „Body-Workout" ist in den Alltag der Jugend fest einge-schrieben. Wer etwas auf sich hält, trainiert – oft bis zum Geht-nichtmehr – und definiert sich dann irgendwann einmal wohl auch komplett damit. Mit konsequentem Training investieren viele ganz gezielt in ihre eigene körperliche Attraktivität. Senad zum Beispiel. Er ist gerade einmal sechzehn und macht nicht den Eindruck, dass er auf seine Figur aufpassen müsste. Und doch meint er: „Ich achte bewusst darauf, dass mein Körper nicht schlecht ausschaut: Ich trainiere circa drei- bis viermal die Woche. Wenn ich zum Beispiel zwei Wochen nicht trainieren würde, dann wäre das alles umsonst gewesen, weil das baut sich so brutal schnell ab." In anderen Lebensbereichen mag ihm Dis-ziplin schwerfallen, hier scheint das für ihn hingegen gar kein Problem. Sein Training zu erledigen, gehört für ihn vielmehr zu einem perfekten Tag. Der trainierte „Body" gilt heute eben als ein Ideal. Und um diesem Ideal möglichst nahezukommen, nehmen junge (wie übrigens auch ältere) Menschen oft viel in Kauf. Wer nicht mitzieht, steht schnell im Ruf, nachlässig zu sein, und macht sich damit meist nicht allzu populär.

Natürlich gibt es auch Ausnahmen, aber die sind rar und be-stätigen letztlich nur die Regel. Nehmen wir zum Beispiel Beth Ditto, die Frontfrau der US-amerikanischen Band *Gossip*, die mit „Heavy Cross" in die Reihe der Bands mit den erfolgreichs-ten international produzierten Singles eingeht (der Song war im Januar 2011 zweiundachtzig Wochen durchgehend in den Top 100 der deutschen Charts). Beth Ditto ist alles andere als eine Durchschnittsfrau, und zwar in jederlei Hinsicht. Sie ist eine schrille Persönlichkeit mit einer starken Stimme. Sie wirkt enorm selbstbewusst. Sie hat ihren eigenen Style. Sie kommt aus der „Riot Grrrl"-Bewegung und engagiert sich für die Rechte von Schwulen und Lesben – was viele Charts-Hörer vermutlich gar nicht wissen. Und: Sie ist dick, und zwar sehr dick. Das kann jeder, der auf YouTube eines ihrer Videos anklickt, sehen. Maren Volkman, die sich mit dem Phänomen „Ditto" eingehend beschäftigt hat, sagt: „Beth Ditto ist nicht in aller Munde, weil ihre Stimme eine Ausnahmeerscheinung ist (was sie in der Tat ist!), sondern weil sie sehr, sehr korpulent ist und damit so selbstbewusst umgeht, als trage sie Größe 36. Das Zusammenspiel dieser beiden Komponenten räumt Dittos barockem Körper reichlich Platz in der Boulevardpresse ein. Allerorts Fotostrecken: Beth Ditto auf der Bühne in hautengen, glitzernden Klamotten, mehr Haut als Stoff. Beth Ditto in beigefarbener Unterwäsche" (Volkmann 2011: 173).

In der Medienberichterstattung wirkt Beth Ditto wie die Alibi-Dicke der Popkultur des 21. Jahrhunderts: als schrille Exotin, die vermutlich weit weniger öffentliche Aufmerksamkeit verbuchen könnte, wenn mollig sein vollkommen normal und ihre barocken Formen auch in der Welt von „Magda Mustermensch" akzeptiert wären. Für „Magda" gilt aber eben, dick sein ist unattraktiv. Und wer unattraktiv ist, hat schlechte Karten: nicht nur im Job, sondern auch am Beziehungsmarkt. Deshalb trainiert „Magda" regelmäßig. Und deshalb hält sie von „Spiegelfasten" (*Psychologie Heute* 9/2013: 29) wenig, sondern sucht vielmehr die Begegnung mit dem eigenen Spiegelbild, evaluiert die sichtbaren Effekte des Trainings, posiert und macht sich Gedanken, ob sie so, wie sie sich selbst im Spiegel sieht, auf andere attraktiv wirkt. Und da sie ein „Digital Native" ist, nimmt sie auch immer wieder einmal ihr Smartphone zur Hand, richtet mit durchgestrecktem Arm die Handykamera auf sich und macht kleine Selbstporträts, so genannte „Selfies", um diese dann im Internet zu veröffentlichen. Wie andere „Selfie"-Produzenten agiert „Magda" dabei nach dem Motto „Pimp your profile", das heißt, sie versucht ihre Außenwirkung gezielt zu kontrollieren (*De:Bug* 7/8/2013: 43). Womit sich punkten lässt, ist klar, nämlich marktförmige Selbstdarstellungen. Was vor allem zählt, ist daher die Strategie der Pose. Das muss man wissen, wenn man sich – wie „Magda" – im Web 2.0 in die Auslage stellen will.

Während der letzten Jahrzehnte haben sich in den Jugendkulturen die Körperideale deutlich gewandelt. Es ist schon einige Zeit her, dass der natürliche Körper Leitbild war: zuerst bei den Hippies, dann in der Alternativbewegung der 1980er Jahre. Ob man dick oder dünn war, eine gute oder weniger gute Figur hatte, wurde damals programmatisch als gleichgültig erachtet. Befreit von ästhetischen Zwängen und losgelöst von Konventionen, akzeptierte man die Menschen mit ihren Körpern, so wie sie eben waren. Man kleidete sich auch gemäß dieser Philosophie und setzte auf Kontrast zum Etablierten, das die adrette Erscheinung, nicht zu schrill und nur ja nicht exaltiert, als wünschenswert sah. Auf der gegenkulturellen Seite der Wirklichkeit war die Sache also einfach. Doch auch gegenüberliegend, in der Mehrheitsgesellschaft, war damals vieles noch nicht so verzwickt wie heute. Frauen nutzten Kleidung und dekorative Kosmetik, um so genannte Problemzonen zu kaschieren. Und die Mode erlaubte auch jenen, die nicht mit perfekten Körpern gesegnet waren, sich mit passenden Stoffen, Schnitten und Mustern vergleichsweise gut zur Geltung zu bringen. Das Motto lautete: „Der Körper ist nicht so wichtig, es kommt darauf an, wie du ihn gestaltest." Und für Männer galt zu dieser Zeit ohnehin noch frei nach Friedrich Torbergs Tante

Jolesch: „Was ein Mann schöner is wie ein Aff, is ein Luxus." So gesehen, war alles gut.

Heute ist das anders: heute wird ein nicht perfekter Körper schnell als physischer Mangel empfunden. Daher boomt die kosmetische Chirurgie, und Fitness-Studios, die mit dem Versprechen, das Körperbild ihrer Klientel mit den passenden Geräten nachhaltig zu verbessern, schießen wie Pilze aus dem Boden. Immer mehr Menschen haben ein instrumentelles Verhältnis zu ihrem eigenen Körper. Es geht nicht mehr so sehr um Arrangieren und Gestalten, sondern vielmehr um ein Bearbeiten des Körpers: Der Körper wird zum Material, mit dem man sich beschäftigen und das man gezielt formen muss. Und die Art und Weise, wie geformt wird, bedient dabei in aller Regel Klischees. Junge Männer, die ihren „Body" fünfmal pro Woche an den Geräten stählen, mögen tief drinnen vielleicht Weicheier sein, doch das sieht man ihnen keinesfalls an. Mit ihrer trainierten Oberarm- und Brustmuskulatur geben sie sich den Anschein von Virilität und Stärke; über ihr Körperbild weisen sie sich selbst traditionell männliche Attribute zu. Die jungen Frauen, die indessen in neckischen Shorts am Laufband stehen, wirken dagegen wie „biegsame Rehlein". Der Weg zum idealen maskulinen und idealen femininen Körperbild führt über Training, das ist die Botschaft, die an die jungen Fitness-Freaks ergeht. Und die Kleidung, die außerhalb des Fitnessraumes getragen wird, macht die Sache dann noch perfekt: Sie dient dazu, geschlechterstereotyp geformte Körperpartien richtig schön zu betonen.

Die Zeiten, in denen die Jugendkultur aufbrach, um nach Bildern eines „neuen Mannes" und einer „neuen Frau" zu suchen, sind lange vorbei. Und auch Unisex ist heute offenbar „out". Längst vergessen ist, dass New Wave einst ein androgynes

Frauenbild in die Welt brachte und junge Frauen mit schriller Kurzhaarfrisur und Männerklamotten – vorzugsweise waren es Anzug und Krawatte – das gültige Verständnis von Feminität durchbrachen (Schober 1998: 160f). Selbst der über lange Jahre auf breiter Ebene populäre, in der Kernbotschaft deutlich gemäßigtere alternative Unisex-Look, der Mädchen die Kleiderschränke ihrer Brüder und Freunde plündern ließ und sie mit dem dort Gefundenen von der femininen Welle herunter holte, ist passé. Florale Motive und dekorative Details, die bei den Unisex-Mädchen einst als „tussihaft" galten, etwa hier oder dort ein paar kleine Rüschen, sind mittlerweile auf breiter Ebene akzeptiert. Und sogar bei den Ökos und Alternativen tragen junge Frauen heute BHs und taillierte T-Shirts in kleinen Größen, um ihre weibliche Silhouette zu akzentuieren. Auch die junge Männerwelt wird von einem geschlechterstereotypen Körperbild regiert. Entspanntes „Slackertum" ist aus der Mode, Waschbrettbauch hingegen ist „in". Und weil dem so ist, kommt kaum einer auf die Idee, den „Body" komplett außen vor zu lassen und sich allein über intellektuellen Esprit und quergeistige Ideen zu definieren.

Über Körperbilder, die mit den gängigen Geschlechterstereotypen brechen, stolpert man fast nur mehr in schrägen Sonderwelten. Männliche „Drag Queens", „Riot Girls" und Rollschuhfahrerinnen beim „Roller Derby", einem aus den USA stammenden Vollkontaktsport, der ausschließlich von Frauen ausgeübt wird und angesichts seiner rempelnden Härte das Klischee femininer Weiblichkeit radikal in Frage stellt, sind nicht viel mehr als fasziniert beäugte, exotische Nischenkulturen. Wer die traditionellen Grenzen von Maskulinität und Feminität im Körperbild ästhetisch allzu sehr in Frage stellt, ohne „queer" und somit Teil einer mittlerweile gesellschaftlich halbwegs akzeptierten „Sondergruppe" zu sein, darf auf wenig Zuspruch hoffen. Einmal mehr zeigt sich der Zeitgeist hier in seiner vollen Widersprüchlichkeit: Buntheit und Vielfalt sind zulässig, solange sie nicht zu sehr in Frage stellen, sondern etablierte Standards lediglich mit einem gewissen Interpretationsspielraum reproduzieren – so lautet die goldene Regel. Selbst in der Jugendkultur lebt die Suche nach Alternativen nur noch in Nischen.

## Von FoodCoop bis Streetpunk: „Abzweiger", „Aussteiger" und die Politik der alternativen Nische

Markus lebt in einer solchen Nische und Yasmina auch. Er ist einundzwanzig, Pflichtschulabsolvent und Streetpunk ohne festen Wohnsitz. Sie ist zwanzig, Studentin und FoodCoop-Aktivistin der Öko-Szene. Beide stehen an völlig verschiedenen sozialen Standorten: Er an der gesellschaftlichen Peripherie, sie im Zentrum der jungen Bildungseliten. Beide kennen Leute, die sich aus der Mülltonne ernähren, doch diejenigen, die Yasmina kennt, sind Aktivisten und Aktivistinnen, die als „Dumpster" ein politisches Zeichen gegen die Wegwerfgesellschaft setzen möchten, diejenigen, die Markus kennt, sind hingegen Obdachlose. Die Welten, die Yasmina und Markus bewohnen, könnten nicht gegensätzlicher sein. Und sie haben auch andere Werte und verfolgen andere Ziele. Doch eines verbindet sie: Sie haben sich für eine Politik des alternativen Stils entschieden.

Öko ist heute eine der wenigen jugendkulturellen Szenen mit einem politischen Anspruch. Die Szene ist nicht allzu groß und fällt mit einem hohen Anteil weiblicher Szenemitglieder und einem überdurchschnittlichen Bildungsniveau auf. So wie Yasmina und ihre Freunde den Öko-Lifestyle leben, ist Öko weniger ein Proteststil, sondern eher eine alternative Engagementkultur.

Wenn Yasmina von ihrer Szene erzählt, fallen Begriffe wie „Bewusstsein" oder „Aufklärung", die man in den populären Zonen der Jugendkultur vergeblich sucht. Yasmina achtet darauf, wo sie essen geht: Idealerweise sollte es vegetarisch oder vegan sein. Und sie ist in einer FoodCoop, sprich: in einer als Verein organisierten Lebensmitteleinkaufgemeinschaft, die sich der ökosolidarischen Lebenskultur verpflichtet und von Menschen mit ähnlicher Lebenseinstellung und ähnlichem Lebensstil gemeinsam verwaltet wird. Parteipolitisch lassen sie und ihre Freunde sich nicht eindeutig zuordnen. Zwar gibt es Sympathien in Richtung ökologischer, globalisierungskritischer und teils auch linker Programmatiken, doch für die politische Szeneidentität sind gemeinsame Parteipräferenzen nicht so wichtig. Was zählt, ist das gemeinsame Ideal eines umwelt- und menschenfreundlicheren Zusammenlebens.

Wie die Szeneanalyse zeigt, sind Ökos und Alternative mit anderen jugendkulturellen Strömungen kaum kompatibel (vgl. Zentner 2013). Austausch mit anderen Szenen gibt es hier wenig und auch das Switchen zwischen jugendkulturellen Stilgruppen ist bei den Ökos selten. Am ehesten passt Öko mit Indie zusammen: einer sehr speziellen Musikszene, die zum formatierten Massengeschmack der großen und reichweitenstarken Radiosender auf Distanz geht. Solange es „conscious" ist, geht auch die Reggae-Szene durch. Was Öko von anderen Jugendkulturen deutlich unterscheidet – auch von Indie und Reggae – ist, dass die Ökos eine eher uncoole Performance pflegen. „Ich glaube, wir zeichnen uns dadurch aus, dass wir uns nicht cooler vorkommen als andere", sagt Yasmina und es klingt so, als wäre sie darauf fast ein wenig stolz. Das Bekenntnis zum Uncoolen beginnt bereits mit ihrem Verständnis von Geselligkeit. So wie in der Öko-Szene üblich, meidet sie schicke Bars mit bunten

Cocktails und schrillem Publikum und verbringt ihre Abende lieber in gemütlichen, alternativkulturellen Kneipen, in denen man von acht Uhr abends bis zwei Uhr früh, oft auch länger, völlig unspektakulär mit Freunden zusammensitzen und diskutieren kann. Oder sie trifft sich mit ihren Leuten zuhause, um gemeinsam zu kochen, zu essen und zu trinken. Auch coole Klamotten sind bei Yasmina kein Thema. Einen verbindlichen Dresscode haben Ökos nicht und schon gar nicht einen um Trendyness bemühten Style. Jugendkulturelle Selbstdefinition läuft hier anders, und zwar vor allem über bewussten Konsum. Marken, die die Massen kaufen, gelten als verpönt. Lebensmittel, die „fair trade", sprich: fair gehandelt sind, und „Clean Clothes" aus dem Weltladen dienen als politisches Statement. Yasmina sagt: „Das ist halt die Welt, in der ich lebe: jeden Tag beim Einkaufen nachdenken: Was kaufe ich jetzt?"

Es ist ein wenig so, als würde Yasmina ihr Leben als Modell-Projekt sehen – nicht wirklich mehrheitsfähig, aber immerhin der Versuch eines Gegenentwurfs. Angesichts seiner Kleinteiligkeit und Exklusivität erinnert das Ganze an „Urban Gardening". Thematisch würde der Vergleich auch gut passen, nur dass das Prinzip hier vom Großstadtgärtnern abstrahiert und in andere Bereiche des Alltags verlängert wird. Aus Yasminas Sicht steht die Öko-Szene für eine positive, fröhliche Lebenseinstellung und die Hoffnung, dass in jedem Menschen etwas Gutes steckt, das lediglich zum Leben erweckt werden muss. In Zeiten, in denen allgemein Krisenstimmung herrscht und die tagesaktuellen Medien nach dem Motto „Only bad news are good news" tagtäglich neue Katastrophen in die Wohnzimmer servieren, ist das, wie sie glaubt, etwas Besonderes. Wenn Yasmina spricht, klingt es zugegebenermaßen ein wenig nach nicht mehr ganz zeitgemäßer Öko-Hippie-Philosophie, und doch sieht sie gar nicht wie ein Öko-Hippie aus. Im Vergleich zum gängigen Bild des alternativkulturellen Rebellen, der gerne öfter einmal blau macht, ständig bekifft ist und alles in allem ein wenig vergammelt aussieht, wirkt sie geradezu brav. Yasmina ist nett, umgänglich, tolerant, weltoffen und kommunikativ, so wie es von jungen Menschen, die in der Gesellschaft erfolgreich Fuß fassen wollen, heute erwartet wird. Von gegenkulturellem Aufbegehren gegen die Welt der Eltern hält sie wenig. Vielmehr legt sie Wert darauf zu betonen, dass ihr sonntags das gemeinsame Essen mit ihrer Familie sehr wichtig ist. Mit Smartphone und Facebook-Profil repräsentiert sie einen „alternativen Lebensstil 2.0". Und auf die Frage, was sie glücklich macht, sagt sie: „Ich bin gerade ziemlich glücklich, weil ich einen sehr vollen Terminkalender habe und ich beschäftigt bin. Das ist manchmal anstrengend, aber ich komme mir dadurch aktiv vor und das macht mich gerade sehr glücklich."

In Yasminas Welt lebt die Idee des Gegenentwurfs. Und doch geht es hier weniger um eine Attacke auf gesellschaftliche Großstrukturen, sondern eher um ein Experimentieren mit Alternativen innerhalb der eigenen kleinen Mikroordnung – und das noch dazu in zeitgeistiger Form. Was Yasmina an der Öko-Szene fasziniert, ist „das gemeinsame Ziel, dass man im Leben auf etwas hinarbeitet, das die Welt besser macht, egal wie, auch in ganz kleinem Rahmen." Sie und ihre Freunde präsentieren sich nicht als kompromisslose „Aussteiger". Sie sind eher „Abzweiger", die in ihren überschaubaren Lifestyle-Biotopen eigene Vorstellungen von einem alternativen Leben kultivieren, ohne deshalb die sichere Mitte der Gesellschaft verlassen zu müssen. Streetpunk ist da völlig anders: Hier geht es um ein Ausbrechen aus dem System und um Radikalopposition, und zwar mit allen Konsequenzen.

Streetpunk, das ist die Welt, in der Markus lebt. „Think for yourself – do your own thing – live your own life – no gods, no masters" (O'Hara 2004: 8), Leute, die so wie er die Philosophie des Punk leben, findet man heute selten. Markus hat keinen festen Wohnsitz. Wenn er zu einem Punker-Picknick in eine andere Stadt fährt und in einer Punk-WG oder einem besetzten Haus ein Platz frei ist, bleibt er einfach für zwei oder drei Monate dort. Auf dem T-Shirt, das er trägt, steht der Aufdruck: „Ich lebe frei." In den Kategorien, in denen die Politik über Jugendliche wie ihn nachdenkt, ist er ein „Neet", also einer, der weder ins Bildungssystem, noch ins Erwerbssystem integriert ist und auch keine Schulung macht, um sich für die Arbeitswelt zu qualifizieren, kurzum: ein echter „Loser". Markus hat einen Pflichtschulabschluss und ein paar abgebrochene AMS-Trainings vorzuweisen, mehr nicht. „Einen Job, ja, den hätte ich schon gern", sagt er, „aber ich weiß nicht, da heißt es dann wieder: Du musst dich verändern." Und das will er nicht: „Ich mag zu mir stehen und das, wie ich bin, halt auch durchsetzen." Einmal war er knapp davor, eine Lehrstelle in einer Gärtnerei zu bekommen, doch er bestand das Aufnahmegespräch nicht. Als er gefragt wurde: „Was ist Ihr Traumberuf?", antwortete er: „Naja, ich will eigentlich nur einen Job." Und das hat den Leuten nicht gepasst. Es war die falsche Antwort. Hätte er gesagt „Ich habe mich schon immer für Gartenarbeit interessiert", wäre Markus heute vermutlich Gärtner. Das war aber eben nicht der Fall. Und so ist er Streetpunk geworden, und zwar in Vollzeit und ohne jeden Kompromiss.

Wenn Markus von seinem Leben als Streetpunk erzählt, ist er vorsichtig. Er weiß, dass die Art, wie er lebt, gängige Klischees bedient und meint daher: „Ich hoffe, dass es nicht allzu vorurteilsmäßig wird." Das, worum es im Alltag eines Streetpunk geht, lässt sich mit wenigen Worten erklären: Gemeinsam schnorren und gemeinsam feiern. So zu leben, wie es Normalbürger tun, findet Markus „übelst stressig". So zu leben wie er und seine Kumpels, nämlich „einen Platz finden, wo's gemütlich ist, auf der Straße oder auf irgendeiner Parkbank – gemütlich Bierchen trinken, quatschen, gute Laune machen", macht ihm viel mehr Spaß. Meist läuft ein Tag wie der andere. Zuerst pennt sich Markus einmal richtig aus. Dann bricht er zu den „Streeties" auf. So nennt er die Sozialarbeiter und Sozialarbeiterinnen, die die obdachlosen Punks betreuen. „Find' ich echt geil, dass es so etwas gibt. Die helfen dir wirklich übelst weiter. Und dort kann man auch gratis essen und das, was man gerade braucht – Rasierer und so – in Anspruch nehmen. Also, ich bin echt froh, dass ich die hab'." Dann geht es weiter mit Schnorren, und zwar oft bis zum Abend, außer es kommt die Polizei dazwischen. „Ja, das ist dann meistens der Tag", sagt Markus, „zuerst Streeties, dann Schnorren und Alkoholkonsum kommt auch dazu – nüchtern geht das halt einfach überhaupt nicht."

Für Markus ist Punk weniger eine Frage des Styles, sondern eher eine Frage der Werte. Zwar folgt auch er dem unverwechselbaren Punk-Dresscode, den heute selbst der unbedarfteste Bürger kennt: Gut ist alles, was solide bürgerliche Ästhetik beleidigt – Zebrahosen, Lederjacken, Band-T-Shirts, Boots, Piercings, Iros, wenn möglich in einer „abgefuckten" Kombination. Aber wichtiger als das Aussehen ist für ihn allemal die Einstellung, denn: „Es gibt ja auch Punks, wo man wirklich sagen würde: Das kann keiner sein, wo der normale Bürger denkt: Das ist keiner. Und der erzählt dir dann die ganze Geschichte über Punkrock. Und du denkst dir: Uff, na bumm – hätte ich gar nicht gedacht." Für Markus steht Punk für eine perfekte Mischung aus Freiheit plus Freundschaft und Zusammenhalt. Streetpunk, so wie er ihn erlebt, bedeutet Solidarität und ein selbstbestimmtes Leben – einmal mit ein wenig Kohle, das andere Mal ohne. Er und seine Freunde haben ein anderes Verhältnis zu Eigentum und materiellen Werten als „Otto Normalverbraucher". In seiner Clique gilt es als ungeschriebenes Gesetz, dass das geschnorrte Geld zusammengelegt und fair aufgeteilt wird. Oft kauft auch gleich die ganze Gruppe gemeinsam ein. Und wenn an dem Platz, an dem er und seine Kumpels gerade schnorren, eine zweite Gruppe Schnorrer auftaucht, wird der Schnorrplatz den anderen überlassen, und zwar solange, bis die auch ein wenig Geld zusammengeschnorrt haben. Da heißt es dann: „Wir machen eine Pause, damit ihr auch was habt."

In der Szene, in der sich Markus bewegt, trifft man ganz unterschiedliche Charaktere: Den einen ist die Gemeinschaft wichtig, den anderen die Musik, manchen geht es vor allem um Politik – das sind die, die alte Anarcho-Slogans wie „Wer A sagt, muss einen Kreis darum machen" auf Häuserwände malen und deshalb im Visier des Verfassungsschutzes sind –, wieder andere stehen vor allem auf ihre individuelle Freiheit. Doch eines verbindet sie: Sie alle glauben, dass Punk eine echte Alternative zur „beschissenen Gesellschaft" ist. Wenn es einem richtig schlecht geht, ist immer jemand da, der sagt: „Kopf hoch, Digga, komm mal runter – passt schon, trink mit uns ein bisschen, feiere, das Leben ist zu kurz, mach einfach Party. Scheiß' einfach drauf auf traurig sein", erzählt Markus. Das System zu ändern, ist ihm und seinen Leuten kein großes Anliegen. Sie gehen lieber auf Distanz: So als wäre die Welt, die solide Existenzen bewohnen, ansteckend. Und ab und an machen sie sich einen Spaß daraus, die allzu bürgerlichen Artgenossen ein klein wenig zu provozieren. Wenn Streetpunks aufbegehren, dann tun sie das nicht im Medium des politischen Diskurses, sondern über Aktion und ästhetische Praxis. So gesehen, ist Streetpunk „gelebte Ideologiekritik" (Jugendwerk der Dt. Shell 1981: 484). Und zugleich ist Streetpunk heute einer der wenigen kulturellen Orte, wo kompromissloses Aussteigen noch Thema ist – freilich nur für ganz, ganz wenige Jugendliche. Auf die Frage, wie viele Streetpunks es in Wien derzeit schätzungsweise gibt, sagt Markus: „Ich würde sagen, das sind hier nicht einmal hundert Leute, die echte Streetpunks sind."

Yasmina und Markus sind wie Schwarz und Weiß: Sie, die Vertreterin des jungen Bildungsadels, die darauf hofft, mit ihrem Lifestyle ein Modell zu liefern, das irgendwann einmal auch der breiten Masse zum Vorbild wird, er der jugendliche „Underdog", der null Bock hat, Teil einer wettbewerbsorientierten „Spießergesellschaft" zu sein. Yasmina verrät mir ihr Lebensmotto: „Tu das, woran du wirklich glaubst: also, wo du glaubst, dass du etwas verändern kannst." Auf die Frage: „Was ist für dich der Sinn des Lebens?" sagt sie: „Diese Frage ist gut" und lacht. Dann setzt sie zum Nachdenken an und findet nach kurzer Zeit Worte für das, was ihr im Kopf herumspukt: „Der Sinn des Lebens ist das Glück zu finden: *dein* Glück und das Glück deiner Mitmenschen." Und wie sieht es bei Markus aus? Ein Lebensmotto zu formulieren, fällt ihm leicht. Angesichts seiner Biographie liegt die Sache auf der Hand: „Egal, wie oft man auf die Schnauze fällt, man muss einfach aufstehen und fertig." Und was ist für ihn der Sinn des Lebens? Er zögert. „Uff, eine schwere Frage." Doch auch er hat eine Antwort, und zwar eine, die sich von Yasminas nur wenig unterscheidet und die in Zeiten der Krise noch dazu fast weise klingt: „Der Sinn des Lebens ist, mit sich selbst glücklich zu sein und einfach das Beste daraus zu machen." Markus hat sich für den Ausstieg aus einer Welt, die im kein Zuhause ist, entschieden, Yasmina hat eine Abzweigung genommen, um zumindest ansatzweise ein anderes Leben zu führen. Das einzige Bindeglied zwischen ihnen ist die Tatsache, dass sie nicht wie so viele andere ihrer Generation in coole Styles und schräge Freizeitinteressen flüchten, sondern eine unzeitgemäße Frage in den Raum stellen, nämlich: „Wie wollen wir eigentlich leben?"

# LITERATUR

Ab einem gewissen Erfolg ist Rebellion nur noch Pose.
In: *Sounds* 2/2008, S. 46-49.

Anatomy of A Kandi Kid. In: *Rolling Stone* #1160/1161, July 2012, S. 59.

Ankelmann, Nicole: Steve Bug. Der Weg ist das Ziel. In:
*FAZEmag* 8/2012, S. 18-20.

ARD-Spezial: Generation „Genug!" Jugendproteste weltweit.
Auf: kultur.ARD.de vom 12.10.2011.

Athenstaedt, Ursula/Alfermann, Dorothee: Geschlechterrollen und ihre
Folgen. Eine sozialpsychologische Betrachtung. Stuttgart 2011.

Bacher, Johann/Tamesberger, Dennis: Junge Menschen ohne (Berufs-)
Ausbildung. Ausmaß und Problemskizze anhand unterschiedlicher
Indikatoren. In: *WISO* 4/2011, S. 96-112.

Bauman, Zygmunt: Gemeinschaften. Auf der Suche nach Sicherheit in
einer bedrohlichen Welt. Frankfurt am Main 2009.

Baumgartner, Ekkehart: Liquid Structures. Auf dem Weg in die
narzisstische Gesellschaft. Berlin 2011.

Bayertz, Kurt: Politik und Ethik. Stuttgart 1996.

Becker, Julia u. a.: Ursachenzuschreibungen in Krisenzeiten:

Auswirkungen auf Antisemitismus und Fremdenfeindlichkeit.
In: Heitmeyer, Wilhelm (Hg.): Deutsche Zustände. Folge 8.
Berlin 2010, S. 128-143.

Borchardt, Ute: Alarmstufe Gerd. In: *Ox-Fanzine* #95, 4/5/2011, S. 46.

Bröckling, Ulrich: Das unternehmerische Selbst. Soziologie einer
Subjektivierungsform. Frankfurt am Main 2007.

Bude, Heinz: Die Ausgeschlossenen. Das Ende vom Traum einer
gerechten Gesellschaft. München 2008.

Bude, Heinz/Dellwing, Michael: Einleitung: Blumers Rebellion 2.0.
Eine Wissenschaft der Interpretation. In: Herbert Blumer.
Symbolischer Interaktionismus. Aufsätze zu einer Wissenschaft
der Interpretation. Berlin 2013, S. 7-26.

Büsser, Martin: Gimmie dat ole time religion. In: Testcard – Beiträge
zur Popgeschichte 4. Retrophänomene in den 90ern.
Mainz 1997, S. 4-19.

Büsser, Martin: Music is my Boyfriend. Texte 1990-2010. Mainz 2011.

Bundesministerium für Inneres: Verfassungsschutzbericht 2011.
Berlin 2012.

Bundesministerium für Inneres, Bundesamt für Verfassungsschutz und
Terrorismusbekämpfung: Verfassungsschutzbericht 2012. Wien 2012.

Commission of the European Communities: An EU Strategy for Youth –
Investing and Empowering. Brussels 27.4.2009.

Crouch, Colin: Postdemokratie. Frankfurt am Main 2008.

Dalbert, Claudia u. a.: Die Leute bekommen, was ihnen zusteht.
Der Glaube an eine gerechte Welt und die gruppenbezogene
Menschenfeindlichkeit. In: Heitmeyer, Wilhelm (Hg.):
Deutsche Zustände. Folge 8. Berlin 2010, S. 87-106.

Das Aussehen ist nur ein geringer Teil meiner Identität.
In: *Psychologie heute* 9/2013, S. 28-29.

Delcheva, Marina: Hängende Hoffnung. In: *Biber* 5/2013, S. 62-64.

Der Matchwinner. The Smashing Pumpkins. In: *Visions* #232, 7/2012,
S. 36-38.

Dettling, Warnfried: Die moralische Generation. In: Beck, Ulrich (Hg.):
Kinder der Freiheit. Frankfurt am Main 1997, S. 124-136.

„Die Arbeit kommt zu Ihnen." Sind wir bald alle Freiberufler?
In: *Die Zeit* vom 29.8.2013, S. 26.

Eels, Josh: Dance Madness. The Rise of the Mau5.
In: *Rolling Stone* #1160/1161, July 2012, S. 44-52.

Engelbert, Arthur: Eine Studie zur Praxis der Bilder. Bielefeld 2011.

Erbe, Günter: Der moderne Dandy. Zur Herkunft einer dekadenten
Figur. In: Tacke, Alexandra/Weyand, Björn (Hg.): Depressive
Dandys. Spielformen der Dekadenz in der Pop-Moderne. Köln/
Weimar/Wien 2009, S. 17-38.

Farin, Klaus: generation-kick.de. Jugendsubkulturen heute.
München 2001.

Ferchhoff, Wilfried: Jugendkulturen und ihr (Nicht-)Bezug
zur politischen Bildung. In: *Report. Zeitschrift für
Weiterbildungsforschung* 1/2003, S. 245-254.

Flamm, Stefanie: Lifestyle ist alles, was uns bleibt. In: Kemper, Peter u. a.
(Hg.): „But I like it." Jugendkultur und Popmusik. Stuttgart 1998,
S. 420-428.

Frank, Arno: Klar bin ich ein Hipster! In: *Musikexpress* 8/2012, S. 30-36.

Fromm, Erich: Haben oder Sein (38. Auflage). München 2011.

Fuchs-Heinritz, Werner: Zukunftsorientierungen und Verhältnis zu
den Eltern. In: Deutsche Shell (Hg.): Jugend 2000. 13.
Shell Jugendstudie. Opladen 2000, S. 23-92.

Gaisch, Hannes/Neuper, Manfred: Die kleine Packung für das kleine
Börsel. In: *Kleine Zeitung* vom 28.8.2012, S. 2-3.

Gebhardt, Winfried: Gemeinschaften ohne Gemeinschaft.
Über situative Event-Vergemeinschaftung. In: Hitzler u. a. (Hg.):
Posttraditionale Gemeinschaften. Theoretische und ethnografische
Bestimmungen. Wiesbaden 2008, S. 202-213.

Großegger, Beate: „Beziehungswerte" – Freunde, Partnerschaft und
Familie in den Werte-Sets Jugendlicher. In: Friesl, Christian (Hg.):

Experiment Jung-Sein. Die Wertewelt österreichischer Jugendlicher. Wien 2001, S. 47-72.

Großegger, Beate: Extreme Spielarten der Jugendkultur. In: Scheithauer, Herbert u. a. (Hg.): Problemverhalten und Gewalt im Jugendalter: Erscheinungsformen, Entstehungsbedingungen und Möglichkeiten der Prävention und Intervention. Stuttgart 2008a, S. 316-332.

Großegger, Beate: Jugendliche und ihr Verhältnis zur Politik. Rahmenbedingungen für innovative politische Bildung und Beteiligungsförderung aus Sicht der Jugendforschung. In: Demokratiezentrum Wien (Hg.): Abschlussbericht der ExpertInnengruppe Innovative Demokratie im Rahmen der Demokratie-Initiative „Entscheidend bist Du". Wien 2008b, S. 13-29.

Großegger, Beate: Soziale Exklusion aus lebensweltlicher Perspektive. Familienalltag in benachteiligten Lebenslagen: Marginalisierungserfahrungen, Exklusionsempfinden und Bewältigungsstrategien von Kindern, Jugendlichen und deren Eltern. Berichtsband zur Eigenstudie des Instituts für Jugendkulturforschung. Wien 2009a.

Großegger, Beate: Die anti-revolutionäre Generation. Selbstverständnis und Grundbefindlichkeit Jugendlicher vierzig Jahre nach Woodstock. Berichtsband zur Eigenstudie des Instituts für Jugendkulturforschung. Wien 2009b.

Großegger, Beate: „Zu viel Gesundheit ist auch nicht gesund, weil da geht mir etwas ab." Jugendliche als Zielgruppe der Gesundheitsförderung. In: Hackauf, Horst/Ohlbrecht, Heike (Hg.): Jugend und Gesundheit. Ein Forschungsüberblick. Weinheim/München 2010, S. 252-270.

Großegger, Beate: Passive DemokratInnen. Aktuelle Befunde zu Politikverständnis und Engagementbereitschaft Jugendlicher in den 10er-Jahren. Online-Dossier des Instituts für Jugendkulturforschung. Wien 2011a (online verfügbar unter: http://www.jugendkultur.at/passive_demokratInnen.pdf).

Großegger, Beate: Jugendkulturelle Style-Attacken. Vestimentäre Kommunikation zwischen „Unabhängigkeitserklärung" und Protest. In: Kugler, Lieselotte/Isenbort, Gregor (Hg.): Fashion Talks. Berlin 2011b, S. 106-115.

Großegger, Beate: Jugend in der Mediengesellschaft: Sozialisiert im Zeitalter des dynamischen technologischen Wandels, Online-Dossier des Instituts für Jugendkulturforschung. Wien 2011c (online verfügbar unter: http://jugendkultur.at/wp-content/uploads/Jugend_in_der_Mediengesellschaft.pdf).

Großegger, Beate: Wo sind die jungen WutbürgerInnen? Auf den Spuren protestbewegungsorientierter Jugendlicher der 2010er Jahre. Expertise des Instituts für Jugendkulturforschung. Wien 2012.

Großegger, Beate: Teenage-Angst, Dauerdepression oder „einfach anders"? Die Emo-Szene – Mythen und Fakten. Online-Dossier des Instituts für Jugendkulturforschung. Wien 2013 (verfügbar unter: http://jugendkultur.at/wp-content/uploads/Dossier_Emo-Szene_Grossegger_2013.pdf).

Großegger, Beate/Heinzlmaier, Bernhard: Trendpaket 1. Jugendkultur als flächiges Klebekunstwerk. Graz/Wien 1997.

Großegger, Beate/Heinzlmaier, Bernhard: Jugendkultur-Guide. Wien 2002.

Großegger, Beate/Heinzlmaier, Bernhard: Die neuen vorBilder der Jugend. Stil- und Sinnwelten im neuen Jahrtausend. Wien 2007.

Großegger, Beate/Heinzlmaier, Bernhard: Demokratie-Entfremdung. Über Motive junger Menschen, sich demokratiedistanziert zu zeigen. In: Bundschuh, Stephan u. a. (Hg.): Wegweiser Jugendarbeit gegen Rechtsextremismus. Motive, Praxisbeispiele und Handlungsperspektiven. Schwalbach 2012, S. 137-147.

Gutmair, Ulrich: Randale und Witze #1. In: *Spex* #337, 3/4/2012, S. 15-16.

Haemmerli, Thomas: Das Lebensgefühl. Nachrichten vom Rave. In: Anz, Philipp/Walder, Patrick (Hg.): Techno. Reinbek bei Hamburg 1999, S. 248-255.

Hahn, Marina u. a.: Die Freizeitsituation Jugendlicher in Österreich. In: Friesl, Christian u. a. (Hg.): Erlebniswelten und Gestaltungs- räume. Die Ergebnisse des „Dritten Berichts zur Lage der Jugend in Österreich". Graz/Wien 1999, S. 11-61.

Hayler, Flo: Dunkle Wolken. In: *Visions* #246, 9/2013, S. 64.

Hecking, Claus: Die Jugend stürzt ab. In: *Die Zeit* vom 27.6.2013, S. 23-24.

Hebdige, Dick: Stil als absichtliche Kommunikation. In: Kemper, Peter u. a. (Hg.): „But I like it." Jugendkultur und Popmusik. Stuttgart 1998, S. 392-420.

Heinzlmaier, Bernhard: Performer, Styler, Egoisten. Über eine Jugend, der die Alten die Ideale abgewöhnt haben. Berlin 2013.

Heinzlmaier, Bernhard/Ikrath, Philipp: Bericht zur Jugend-Wertestudie 2011. Wien 2012.

Hell & Dunkel Openair Festival. Animal Trainer wissen, wie sie das Publikum begeistern. In: *FAZEmag* 8/2012, S. 12.

Hitzler, Ronald u. a.: Leben in Szenen. Formen jugendlicher Vergemeinschaftung heute. Opladen 2001.

Hug, Theo: Globale Medienereignisse in der Wahrnehmung Jugendlicher heute. In: Jacke, Christoph u. a. (Hg.): Kulturschutt. Über das Recycling von Theorien und Kulturen. Bielefeld 2006, S. 165-187.

Hurrelmann, Klaus: Lebensphase Jugend. Eine Einführung in die sozialwissenschaftliche Jugendforschung (9., aktualisierte Auflage). Weinheim/München 2007.

Huxley, Aldous: Schöne neue Welt. Ein Roman der Zukunft. Frankfurt am Main 1981.

„Ich bin ein einfach zu beobachtendes Kind." Angela Merkel im großen Neon-Interview. In: *Neon* 9/2013, S. 16-22.

Ikrath, Philipp: Hipster – Versuch einer Begriffsbestimmung. Online- Dossier des Instituts für Jugendkulturforschung. Wien 2013 (online verfügbar unter: http://jugendkultur.at/wp-content/uploads/ Dossier_Hipster_Ikrath_2013.pdf).

Institut für Jugendkulturforschung: Gesundheitsförderung
in der Zielgruppe Jugendliche. Grundlagenstudie zu
Gesundheitsbewusstsein und Gesundheitsstilen bei 14- bis
25-jährigem Event-Publikum im urbanen Raum und in den
Regionen (Projektbericht). Wien 2009.

Institut für Jugendkulturforschung: Jugend und Zeitgeist. Wie denken
und leben 16- bis 19-Jährige? Tabellenband. Wien 2011a.

Institut für Jugendkulturforschung: Jugendstudie 2011. Tabellenband.
Wien 2011b.

Institut für Jugendkulturforschung: Jugend-Wertestudie 2011.
Tabellenband. Wien 2012a.

Institut für Jugendkulturforschung: Jugendstudie Wien 2012.
Jugend zwischen Pop, Job und Politik. Tabellenband. Wien 2012b.

Institut für Jugendkulturforschung: Piraten – die neue Jugendpartei?
Repräsentativ-Umfrage unter österreichischen und deutschen
Jugendlichen im Alter von 16 bis 29 Jahren. Tabellenband.
Wien/Hamburg 2012c.

Institut für Jugendkulturforschung/Großegger, Beate: Jugendpolitik aus
Sicht der Zielgruppe. Was erwarten sich junge ÖsterreicherInnen
von Jugendpolitik auf nationaler und europäischer Ebene?
(Projektbericht). Wien 2008a.

Institut für Jugendkulturforschung/Großegger, Beate: Computerspiele
im Alltag Jugendlicher. Gamer-Segmente und Gamer-Kulturen in
der Altersgruppe der 11- bis 18-Jährigen (Projektbericht).
Wien, 2008b.

Institut für Jugendkulturforschung/Großegger, Beate: Public-Value-
Studie 2010. Jugend und Gesellschaftspolitik: 14- bis 29-Jährige
als Zielgruppe (Projektbericht). Wien 2010.

Institut für Jugendkulturforschung/Großegger, Beate: Pimp Your Life:
Entrepreneurship Education für Jugendliche in benachteiligten
Lagen. Begleitstudie zum gleichnamigen Jugendprojekt der Unruhe
Privatstiftung (Projektbericht). Wien 2012.

Iser, Julia/Schmidt, Peter: Gefährliche Werte? Was Tradition und
Konformität anrichten können. In: Heitmeyer, Wilhelm (Hg.):
Deutsche Zustände. Folge 2. Frankfurt am Main 2003, S. 61-77.

Jugendwerk der Dt. Shell (Hg.): Jugend '81: Lebensentwürfe,
Alltagskulturen, Zukunftsbilder (Bd. I–II). Hamburg 1981.

Keupp, Heiner u. a.: Identitätskonstruktionen. Das Patchwork der Identitäten in der Spätmoderne (2. Auflage). Reinbek bei Hamburg 2002.

Klein, Anna/Zick, Andreas: Abwertung im Namen der Gerechtigkeit.
In: Heitmeyer, Wilhelm (Hg.): Deutsche Zustände. Folge 9.
Berlin 2010, S. 120-137.

Knoke, Felix: Bilder von Bildern. In: *De:Bug* #174, 7/8/2013, S. 42-47.

Kögler, Ilse: Patchworkreligionen, Theodiversität und eigener
Gott – nicht nur eine kommunikative Herausforderung. In:
*ThPQ* 158/2010, S. 11-19.

Koller, Peter: Freiheit als Problem der politischen Philosophie.
In: Bayertz, Kurt: Politik und Ethik. Stuttgart 1996, S. 111-138.

Lähnemann, Frank: Blick zurück nach vorn. The XX.
In: *Rolling Stone* #214, 8/2012, S. 36-42.

Lepp, Nicola: Revoluzzer und Randalierer. Ausschnitte einer Kleider-
geschichte des Protests. In: Kleider und Leute. Katalog zur Vorarl-
berger Landesausstellung 1991 im Renaissance-Palast Hohenems
– 11. Mai bis 27. Oktober 1991. Hohenems 1991, S. 255-292.

Leven, Ingo u. a.: Familie, Schule, Freizeit: Kontinuitäten im Wandel.
In: Shell Deutschland (Hg.): Jugend 2010. Eine pragmatische
Generation behauptet sich (16. Shell Jugendstudie). Frankfurt am
Main 2010, S. 53-128.

Liebsch, Katharina (Hg.): Jugendsoziologie. Über Adoleszente, Teenager
und neue Generationen. München 2012.

Luzar, Claudia/Sundermeyer, Olaf: Gewaltige Energie. Dortmund als
Hochburg der Autonomen Nationalisten. In: Heitmeyer, Wilhelm
(Hg.): Deutsche Zustände. Folge 9. Berlin 2010, S. 179-189.

Mannheim, Karl: Das Problem der Generationen, erstveröffentlicht

in: *Kölner Vierteljahreshefte für Soziologie* 7/1928, S. 157-185 und
S. 309-330; hier nach: http://1000dok.digitale-samlungen.de/
dok_0100_gen.pdf, 20.9.2011.

Marcuse, Herbert: Triebstruktur und Gesellschaft. Ein philosophischer
Beitrag zu Sigmund Freud. Frankfurt am Main 1987.

Marth, Julia u. a.: Fremdenfeindlichkeit: Warum der lokale Kontext
einen Unterschied macht. In: Heitmeyer, Wilhelm (Hg.):
Deutsche Zustände. Folge 9. Berlin 2010, S. 61-81.

Menninghaus, Winfried: Schönheit – Leben – Tod. Zur
Evolutionstheorie von Aussehenspräferenzen. In: Haustein, Lydia/
Stegman, Petra: Schönheit. Vorstellungen in Kunst, Medien und
Alltagskultur. Göttingen 2006, S. 151-164.

Neugebauer, Gero: Politische Milieus in Deutschland. Die Studie der
Friedrich-Ebert-Stiftung. Bonn 2007.

Neckel, Sighard: Flucht nach vorn: Die Erfolgskultur der
Marktgesellschaft. Frankfurt am Main 2008.

Obst, Anthony: The Underachievers. Indigo Children.
In: *Juice* 5/2013, S. 26-29.

O'Hara, Craig: The Philosophy of Punk. Die Geschichte einer
Kulturrevolte (3. Auflage der Übersetzung). Mainz 2004.

Österreichisches Institut für Familienforschung (ÖIF): Ablösung vom
Elternhaus. Ergebnisse aus dem Generations and Gender Survey
(GGS) 2008/09. Working Paper Nr. 76. Wien 2011.

Peniche, Jorge: Snoop Lion. Gut gebrüllt. In: *Riddim* 3/2013, S. 8-9.

Pettenkofer, Andreas: Radikaler Protest. Zur soziologischen Theorie
politischer Bewegungen. Frankfurt am Main/New York 2010.

Pfaller, Robert: Das Schmutzige und die reine Vernunft. Symptome der
Gegenwartskultur. Frankfurt am Main 2009.

Piegsa, Oskar: 1000 Robota. Das Lied vom feinen Menschen.
In: *Spex* #328, 9/10/2010, S. 14-18.

Pilz, Michael: Sex Pistols. Die Geschichte von John und Malcolm. In:
*Musikexpress* 11/2012a, S. 54-59.

Pilz, Michael: Aimee Mann. Charmer. In: *Musikexpress* 11/2012b, S. 84.

Prisching, Manfred: Paradoxien der Vergemeinschaftung. In: Hitzler
u. a. (Hg.): Posttraditionale Gemeinschaften. Theoretische und
ethnografische Bestimmungen. Wiesbaden 2008, S. 35-54.

Reichert, Ramón: Amateure im Netz. Selbstmanagement und
Wissenstechnik im Web 2.0. Bielefeld 2008.

Richard, Birgit: Schwarzes Glück und dunkle Welle. Gotische
Kultursedimente im jugendkulturellen Stil und magisches
Symbolrecycling im Netz. In: Jacke, Christoph u. a. (Hg.):
Kulturschutt. Über das Recycling von Theorien und Kulturen.
Bielefeld 2006, S. 235-256.

Richter, Rudolf: Verstehende Soziologie. Wien 2002.

Reisenleitner, Markus: Stuart Hall (*1932). Identitätsrouten ohne
Garantie. In: Hofmann, Martin Ludwig u. a. (Hg.): Culture Club II.
Frankfurt am Main 2006, S. 312-328.

Röpke, Andrea/Speit, Andreas: Mädelsache. Frauen in der Neonazi-
Szene. Berlin 2011.

Savage, Jon: Teenage. Die Erfindung der Jugend (1875-1945).
Frankfurt/New York 2008.

Scheithauer, Herbert u. a. (Hg.): Problemverhalten und Gewalt im
Jugendalter. Erscheinungsformen, Entstehungsbedingungen,
Prävention und Intervention. Stuttgart 2008, S. 209-224.

Scherr, Albert: Jugendarbeit und Rechtsextremismus. Was kann und
was sollte Jugendarbeit zur Aneignung menschenrechtlicher und
demokratischer Überzeugungen beitragen? In: Bundschuh, Stephan
u. a. (Hg.): Wegweiser Jugendarbeit gegen Rechtsextremismus.
Motive, Praxisbeispiele und Handlungsperspektiven, Schwalbach/
Ts. 2012, S. 107-121.

Schneekloth, Ulrich: Jugend und Politik: Aktuelle Entwicklungstrends
und Perspektiven. In: Shell Deutschland (Hg.): Jugend 2010. Eine
pragmatische Generation behauptet sich. Frankfurt am Main 2010,
S. 129-164.

Schneider, Frank Apunkt: Als die Welt noch unterging. Von Punk zu NDW. Mainz 2007.

Schober, Ingeborg: Maskulin/Feminin. Ein Gefühlsausbruch Anfang der 80er Jahre. In: Kemper, Peter u. a. (Hg.): „But I like it." Jugendkultur und Popmusik. Stuttgart 1998, S. 158-164.

Schulze, Gerhard: Die Erlebnisgesellschaft. Kultursoziologie der Gegenwart (5. Auflage). Frankfurt am Main/New York 1995.

Schwendter, Rolf: Theorie der Subkultur (4. Auflage). Hamburg 1993.

Schmidt, Robert: Soziologie der Praktiken. Konzeptionelle Studien und empirische Analysen. Berlin 2012.

Shell Deutschland (Hg.): 50 Jahre Shell Jugendstudie. Von Fräuleinwundern bis zu neuen Machern. München 2002.

Shell Deutschland (Hg.): Jugend 2010. Eine pragmatische Generation behauptet sich (16. Shell Jugendstudie). Frankfurt am Main 2010.

Stauber, Barbara: Jugendkulturelle Selbstinszenierungen und (geschlechter-)biographische Relevanzen. In: Jutta, Ecarius/ Eulenbach, Marcel (Hg.): Jugend und Differenz. Aktuelle Debatten der Jugendforschung. Wiesbaden 2012, S. 51-73.

Staud, Toralf/Radke, Johannes: Neue Nazis. Jenseits der NPD: Populisten, Autonome Nationalisten und der Terror von rechts. Köln 2012.

Stauffer, Isabelle: Faszination und Überdruss. Mode und Marken in der Popliteratur. In: Tacke, Alexandra/Weyand, Björn (Hg.): Depressive Dandys. Spielformen der Dekadenz in der Pop-Moderne. Köln/Weimar/Wien 2009, S. 39-59.

Stipsits, Reinhold: Zu Orten und Nicht-Orten der Jugendkulturen: Orte der Wuchteln und des Schmähs. In: Ecarius, Jutta/Eulenbach, Marcel (Hg.): Jugend und Differenz. Aktuelle Debatten der Jugendforschung. Wiesbaden 2012, S. 285-303.

Suermann, Lenard: Rebel Without a Course. Der Diskurs um die „Autonomen Nationalisten". In: Wamper, Regina u. a. (Hg.): Rechte Diskurspiraterien. Strategien der Aneignung linker Codes, Symbole und Aktionsformen. Münster 2010, S. 166-193.

Tanner, Jakob: „The Times They Are A-Changin". Zur subkulturellen
Dynamik der 68er Bewegung. In: Gilcher-Holtey, Ingrid (Hg.):
1968. Vom Ereignis zum Mythos, Frankfurt am Main 2008,
S. 275-295.

Überwindung des Theaters. In: *Spex* #328, 9/10/2010, S. 36-53.

Venker, Thomas: Ignoranz und Inszenierung. Schreiben über Pop.
Mainz 2003.

Vester, Michael u. a.: Soziale Milieus im gesellschaftlichen
Strukturwandel. Zwischen Integration und Ausgrenzung.
Frankfurt am Main 2001.

Volkmann, Maren: Riot Grrrl is not dead. Eine Spurensuche in den
Nullerjahren. In: Peglow, Katja/Engelmann, Jonas (Hg.):
Riot Grrrl Revisited. Geschichte und Gegenwart einer
feministischen Bewegung. Mainz 2011, S. 167-174.

Walter, Franz: Im Herbst der Volksparteien? Eine kleine Geschichte
von Aufstieg und Rückgang politischer Massenintegration.
Bielefeld 2009.

Walter, Harry: She said yes. I said Pop. In: Grasskamp, Walter u. a. (Hg.):
Was ist Pop? Zehn Versuche. Frankfurt am Main 2004, S. 43-68.

Wehn, Jahn: Gerard. Rausgehen, Welt erobern. In: *Juice* 9/2013, S. 48-51.

Weiß, Otmar: Einführung in die Sportsoziologie. Wien 1999.

Willisch, Andreas: Drogen am Eichberg oder Feuer im Ausländerheim.
Die Gettoisierung ländlicher Räume. In: Bude, Heinz/Willisch,
Andreas (Hg.): Exklusion. Die Debatte über die „Überflüssigen".
Frankfurt am Main 2008, S. 50-63.

Zentner, Manfred: Jugendkulturelle Szenen – Was passt zusammen
und was stößt sich ab? Online-Dossier des Instituts für
Jugendkulturforschung. Wien 2013 (online verfügbar unter:
http://jugendkultur.at/wp-content/uploads/Daten-und-Fakten_
Szeneanalyse_Zentner_2013.pdf).

Zick, Andreas/Hövermann, Andreas: Keine Rücksicht auf Fremde
und Hilfeempfänger. Die Folgen der Krisenbedrohung für

Entsolidarisierung. In: Heitmeyer, Wilhelm: Deutsche Zustände. Folge 9. Berlin 2010, S. 106-119.

Zieht euch gut an! In: *Musikexpress* 11/2012, S. 62-63.

Zinnecker, Jürgen u. a.: Null Zoff & voll busy. Die erste Jugendgeneration des neuen Jahrtausends. Opladen 2002.

Zschach, Maren/Rebstock, Lili: Jugendkulturelle Identität und Distinktion am Beispiel der Emos. In: Richard, Birgit/Krüger, Heinz-Hermann (Hg.): Inter-Cool 3.0. Jugend, Bild, Medien. Ein Kompendium zur aktuellen Jugendkulturforschung. München 2010, S. 105-115.

# STATEMENTS JUGENDLICHER

Die im Buch zitierten O-Töne sind Aussagen Jugendlicher, die an folgenden Forschungsprojekten des Instituts für Jugendkulturforschung teilnahmen:

- European Youthweek: Zukunftsthemen der nationalen und europäischen Jugendpolitik aus Sicht der Zielgruppe, Wien 2008 (Studie im Auftrag von aha – Tipps & Infos für junge Leute),
- Soziale Exklusion aus lebensweltlicher Perspektive. Familienalltag in benachteiligten Lebenslagen: Marginalisierungserfahrungen, Exklusionsempfinden und Bewältigungsstrategien von Kindern, Jugendlichen und deren Eltern, Wien 2009 (Eigenstudie des Instituts für Jugendkulturforschung),
- Die anti-revolutionäre Generation. Selbstverständnis und Grundbefindlichkeit Jugendlicher vierzig Jahre nach Woodstock, Wien 2009 (Eigenstudie des Instituts für Jugendkulturforschung),

- Public-Value-Studie 2010: Jugend und Gesellschaftspolitik – 14- bis 29-Jährige als Zielgruppe, Wien 2010 (Studie im Auftrag des ORF),
- Jugend-Wertestudie 2011, Wien 2012 (gefördert von: AK Wien, AK NÖ, OMV, BKA, BMUKK und BMASK),
- Pimp Your Life: Entrepreneurship Education für Jugendliche in benachteiligten Lagen. Begleitstudie zum gleichnamigen Jugendprojekt der Unruhe Privatstiftung, Wien 2012 (gefördert aus Mitteln der Erste Stiftung),
- Jugendkulturen im Fokus. Qualitative Interviews mit Szene-Insidern, Wien 2013 (Eigenstudie des Instituts für Jugendkulturforschung) sowie
- Grundlagenforschung des Instituts für Jugendkulturforschung 2008 - 2013 (Vornamen wurden auf Wunsch der Jugendlichen geändert).

# SIE INTERESSIEREN SICH FÜR JUGENDKULTUREN?

Bernhard Heinzlmaier:

**PERFORMER,
STYLER,
EGOISTEN**

**Über eine Jugend,
der die Alten die Ideale
abgewöhnt haben**

196 Seiten
Hardcover, 18 Euro
ISBN 978-3-943774-43-6

Der Neoliberalismus ist ein Gas. Aus der Ökonomie kommend strömt es ungehindert in alle Lebenswelten ein. Die Gesellschaft ist zum Anhängsel des Marktes geworden.

In verschulten und autoritär reglementierten Universitäten werden die Jugendlichen systematisch für die Verwendung im Markt hergerichtet. Kritische Reflexionen sind nicht mehr gefragt. Am Ende verlässt schön verpacktes Humankapital die bildungs-ökonomisch hocheffizienten Ausbildungsfabriken.

Doch die gut ausgebildeten Ungebildeten sind ängstliche Kreaturen. Mit begrenztem Horizont und engem Herz geht diese neue Elite durch die Welt, die Angst im Nacken, von anderen, ebenso „coolen" Charakteren wie sie selbst aus dem Feld geschlagen zu werden.